CW01524782

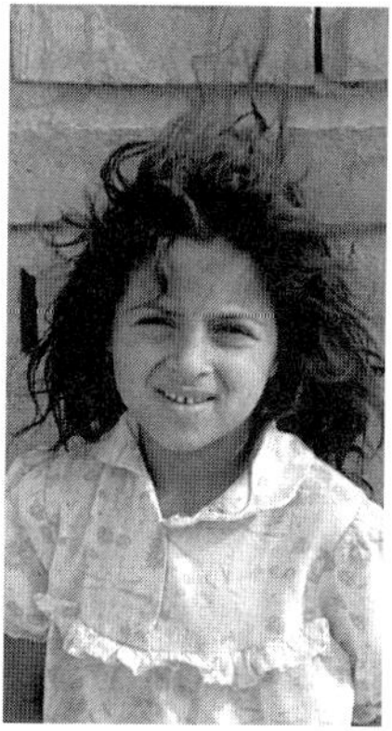

Impressum

Heiner Walther
Irakisch-Arabisch – Wort für Wort
erschienen im
REISE KNOW-HOW Verlag Peter Rump GmbH
Osnabrücker Str. 79, D-33649 Bielefeld

1. Auflage 1999

Bearbeitung Alexander Schwarz
Umschlag und Zeichnungen Peter Rump
Layout-Konzept Günter Pawlak, FaktorZwo! Bielefeld
Layout Alexander Schwarz
Fotos Heiner Walther
Druck und Bindung Fuldaer Verlagsanstalt GmbH, Fulda

ISBN 3-89416-337-2
Printed in Germany

Dieses Buch ist erhältlich in jeder Buchhandlung der BRD,
Österreichs, der Schweiz und der Niederlande. Bitte informieren
Sie Ihren Buchhändler über folgende Bezugsadressen:
BRD Prolit GmbH, Postfach 9, 35461 Fernwald (Annerod)
sowie alle Barsortimente
Schweiz AVA-buch 2000, Postfach 27, CH-8910 Affoltern
Österreich Mohr Morawa Buchvertrieb GmbH
Sulzengasse2, A-1230 Wien
Benelux Assimil Benelux, 5-7 Rue des Pierres, B-1000 Bruxelles

Wer im Buchhandel kein Glück hat,
bekommt unsere Bücher auch direkt bei:
Rump Direktversand
Heidekampstraße 18, D-49809 Lingen (Ems)

Zu diesem Buch ist eine **Tonband-Kassette** erhältlich,
ISBN 3-89416-430-1. Näheres dazu auf Seite 17.

Kauderwelsch

Heiner Walther

Irakisch-Arabisch

Wort für Wort

Reise Know-How
im Internet
www.reise-know-how.de

*Aktuelle Reisetips
und Neuigkeiten,
Ergänzungen nach
Redaktionsschluß,
Büchershop und
Sonderangebote
rund ums Reisen*

Der
Reise Know-How Verlag
Peter Rump GmbH
ist Mitglied der
Verlagsgruppe Reise Know-How

Kauderwelsch-Sprechführer sind anders!

Warum? Weil sie Sie in die Lage versetzen, wirklich zu sprechen und die Leute zu verstehen.

Wie wird das gemacht? Abgesehen von dem, was jedes Sprachbuch bietet, nämlich Vokabeln, Beispielsätze etc., zeichnen sich die Bände der Kauderwelsch-Reihe durch folgende Besonderheiten aus:

Die **Grammatik** wird in einfacher Sprache so weit erklärt, daß es möglich wird, ohne viel Paukerei mit dem Sprechen zu beginnen, wenn auch nicht gerade druckreif.

Alle Beispielsätze werden doppelt ins Deutsche übertragen: zum einen **Wort-für-Wort,** zum anderen in „ordentliches" Hochdeutsch. So wird das fremde Sprachsystem sehr gut durchschaubar. Denn in einer fremden Sprache unterscheiden sich z. B. Satzbau und Ausdrucksweise recht stark vom Deutschen. Ohne diese Übersetzungsart ist es so gut wie unmöglich, schnell einzelne Wörter in einem Satz auszutauschen.

Die **Autorinnen** und **Autoren** der Reihe sind Globetrotter, die die Sprache im Land selbst gelernt haben. Sie wissen daher genau, wie und was die einfachen Leute auf der Straße sprechen. Deren Ausdrucksweise ist nämlich häufig viel einfacher und direkter als z. B. die Sprache der Literatur.

Besonders wichtig sind im Reiseland die **Körpersprache, Gesten, Zeichen und Verhaltensregeln,** ohne die auch Sprachkundige kaum mit Menschen in guten Kontakt kommen. In allen Bänden der Reihe wird darum besonders auf diese Art der nonverbalen Kommunikation eingegangen.

Kauderwelsch-Sprechführer sind keine Lehrbücher, aber viel mehr als Sprachführer! Wenn Sie ein wenig Zeit investieren und einige Vo kabeln lernen, werden Sie mit ihrer Hilfe in kürzester Zeit Informationen bekommen und Erfahrungen machen, die „taubstummen" Reisenden verborgen bleiben.

Inhalt

9 Land und Sprache
11 Umschrift und Aussprache
15 Wörter die weiterhelfen

Grammatik

18 Hauptwörter
26 Eigenschaftswörter
31 Dieses und Jenes
34 Persönliche Fürwörter
35 Besitzanzeigende Fürwörter
37 Scheinverben
40 Steigern und Vergleichen
43 Tätigkeitswörter
54 Wem? und Wen?
55 Bindewörter
57 Verhältniswörter
59 Fragen
61 Verneinung
64 Auffordern
67 Zahlen und Zählen
75 Zeit und Datum
81 Maße und Gewichte

Konversation

83 Kurz-Knigge
87 Begrüßen / Verabschieden
91 Irakische Namen
92 Anrede
95 Bitten, Danken, Wünschen
97 Das erste Gespräch
103 Floskeln und Redewendungen
106 Unterwegs
113 Übernachten
115 Essen und Trinken
124 Zu Gast sein
128 Tee zu jeder Gelegenheit!
129 Religion
132 Kaufen und Handeln
135 Fotografieren
137 Post und Bank
139 Behörden
141 Krank sein
144 Toilette
145 Schimpfen und Fluchen
147 Dringende Hilferufe
149 Nichts verstanden? – Weiterlernen!

Anhang

153 Wörterliste Deutsch – Irakisch
164 Wörterliste Irakisch– Deutsch
174 Literaturhinweise
176 Der Autor

بغداد
Baghdad
السوير
Swair

Land und Sprache

Der Irak hat schon immer Reisende und Forscher, vor allem Archäologen, in seinen Bann gezogen. Bedingt durch die beiden Flüsse Euphrat und Tigris entwickelten sich in Mesopotamien („Land zwischen den Strömen") bereits im frühen Altertum Hochkulturen der Sumerer, Babylonier und Assyrer. Die Ruinen der einstigen Paläste und Tempel, die den Göttern geweihten, pyramidenförmigen Zikkurats, lassen den Besucher noch heute die Erhabenheit jener Epochen deutlich werden. Aber auch die islamische Zeit war voller Glanz und hat zahlreiche prachtvolle Bauten hinterlassen, wenn man allein an die Regierungszeit des Kalifen Harun ar-Raschid denkt. Mesopotamien wird deshalb oft als „Wiege der Zivilisation" bezeichnet.

Die heutigen Bewohner im Irak sind größtenteils Araber (77%). Sie siedeln vorwiegend in der Ebene von Euphrat und Tigris, den beiden Lebensadern des Landes. Der Rest, Kurden (19%) und andere Volksgruppen (4%), lebt vor allem in den drei nördlichen Provinzen Dohuk (Dahûk), Erbil (Arbîl) und Sulaimaniya (is-Sulaimânîya). Die Kurden sprechen eine dem Persischen eng verwandte Sprache, das Kurdische.

Die Amtssprache ist im Irak, wie in allen arabischen Ländern, das Hocharabische in Wort und Schrift. Es gehört neben dem Hebräischen zur semitischen Sprachfamilie. Charakteristisch für diese Sprachen ist, daß das Tätigkeitswort (Verb) die Grundlage bildet. Es besteht fast ausschließlich aus drei Mitlauten, von denen man die Grundbedeutung eines Wortes bzw. der gesamten Wortfamilie herleiten kann. Die weiteren Bedeutungen werden durch Vorsilben und Selbstlaute (a, e, i, o, u) bestimmt, z.B. **k-t-b:**

katab	schreiben
kâtib	Schreiber; Schriftsteller
maktab	Büro

Die Hochsprache **(il-fushâ)** ist im gesamten arabischen Sprachraum einheitlich, so daß sich Araber von Marokko bis Irak sprachlich miteinander verständigen können. In der Schule und an den Universitäten wird das Hocharabische gelehrt und in den Zeitungen, im Rundfunk sowie im Fernsehen verwendet. Im Alltag dagegen spricht jeder Araber Dialekt. Er weicht zwar stark von der Hochsprache ab, ist jedoch einfach in seiner Struktur und demzufolge leichter zu erlernen. Darüber hinaus bestehen im Lande regionale Unterschiede, insbesondere zwischen Bagdad und dem nördlichen Irak (Mossul). Typisch für Bagdad und Umgebung ist die Aussprache des „ka" als „tshe", in Mossul hingegen bleibt es „ka".

Grundlage dieses Kauderwelsch-Srachführers ist der in Bagdad gesprochene Dialekt, der überall im Irak verstanden wird.

Umschrift und Aussprache

Der Kauderwelsch-Band „Irakisch-Arabisch" verwendet, von wenigen Ausnahmen abgesehen, keine arabische Schrift. Grund: Der irakische Dialekt wird nur gesprochen, nicht aber geschrieben. Statt dessen wird eine Umschrift benutzt, die Sie in die Lage versetzen soll, schnell und ohne größere Schwierigkeiten mit Irakern zu sprechen.

Selbstlaute (Vokale)

Das Irakisch-Arabische kennt die Selbstlaute a, e, i, o, u. Sie werden, wie im Deutschen auch, kurz oder lang gesprochen. Lange Selbstlaute sind in der Umschrift durch das Zeichen ^ („Hütchen") über dem entsprechenden Buchstaben gekennzeichnet, also â, ê, î, ô, û. Die Dehnung eines Selbstlautes hat eine Veränderung der Wortbedeutung zur Folge. So heißt **maṯar** „Regen", hingegen **maṯâr** „Flughafen". Achten Sie deshalb von Anfang an auf eine korrekte Aussprache auch der Selbstlaute, um nicht mißverstanden zu werden!

Mitlaute (Konsonanten)

Im Hocharabischen und damit auch im irakischen Dialekt gibt es einige Mitlaute, die in anderen Sprachen in dieser Form nicht vorkommen. Sie sollten deren Aussprache gut üben, möglichst mit einem Iraker. Viele Mitlaute aber werden ähnlich oder genauso wie im Deutschen gesprochen. Doppelt auftretende Mitlaute werden auch verdoppelt ausgesprochen, indem man den Luftstrom länger hält.

Arabisch	Laut	Name	Aussprache
ء	*'*	**hamza**	bezeichnet einen Stimmabsatz,der auch im Deutschen vor jeder mit einem Selbstlaut beginnenden Silbe gesprochen wird, so in „Beamter" (Be-'amter), z.B. 'ach (Bruder)
باء	*b*	**bâ**	wie in „**B**ild", z.B. bâb (Tür, Tor)
پاء	*p*	**pâ**	wie in „**P**alme", z.B. putêta (Kartoffeln)
تاء	*t*	**tâ**	wie in „**T**ante", z.B. taksi (Taxi)
ثاء	*th*	**thâ**	stimmlos, wie im englischen „**th**ree", z.B. thôb (Kleid)
جيم	*dj*	**djîm**	wie im englischen „**j**ourney", z.B. djamal (Kamel)
چيم	*tsh*	**tshîm**	stimmlos, wie in „ru**tsch**en", z.B. tshâi (Tee)
حاء	*h*	**hâ**	kräftig gehauchter, stimmloser Laut, der weit hinten in der Kehle gesprochen wird, z.B.hammâm (Bad)
خاء	*ch*	**châ**	wie in „Ba**ch**", z.B. chôsch (gut)
دال	*d*	**dâl**	wie in „**d**ick", z.B. dîn (Religion)
ذال	*th*	**thâl**	stimmhaft, wie englisches „th" in „**th**is", z.B. thahab (Gold)
راء	*r*	**râ**	rollendes Zungen-r, z.B.ridjdjâl (Mann)

Arabisch	Laut	Name	Aussprache
زاى	*z*	**zâi**	stimmhaftes "s" (kein deutsches z!), wie in "**S**and", z.B. zôdj (Ehemann)
سين	*s*	**sîn**	stimmloses "s" wie in "Ha**ß**",z.B. safar (Reise)
شين	*sh*	**shîn**	wie das deutsche "sch" in "**sch**ön", z.B. shams (Sonne)
صاد	*s̱*	**s̱âd**	dumpfes, stimmloses "s", z.B. s̱ûra (Bild, Foto)
ضاد	*ẕ*	**ẕâd**	dumpfes, gepreßtes "ẕ" (gleiche Aussprache wie "ẕâ"!), z.B. ẕêf (Gast)
طاء	*ṯ*	**ṯâ**	dumpfes, gepreßtes "t", etwa wie in "**T**orte", z.B. ṯabîb (Arzt)
ظاء	*ẕ*	**ẕâ**	dumpfes, gepreßtes "s", z.B. ẕarf (Briefkuvert)
عين	*	***ain**	stimmhafter Kehllaut, der durch starkes Zusammenpressen desKehlkopfes entsteht, z.B. *anab (Weintrauben)
غين	*gh*	**ghain**	Reibelaut, der dem deutschen Zäpfchen-r entspricht, z.B. lugha (Sprache)
فاء	*f*	**fâ**	wie "f" in "**f**ein"
قاف	*q/g*	**qâf/gâf**	1. im Kehlkopf gesprochenes "k", z.B. qalam (Bleistift), 2. wie "g" in "**g**enau", z.B. gahwa (Kaffee)
كاف	*k/tsh*	**kâf/tshe**	1. wie "k" in "**k**aufen", z.B. kitâb (Buch) 2. wie "tshe" (s.o.!), z.B. simitsh (Fisch)
لام	*l/l̲*	**lâm**	1. wie "l" in "**L**amm", z.B. lâzim (notwendig) 2. dunkel und im Kehlkopf gesprochen, z.B. gubal̲ (geradeaus)

Umschrift und Aussprache

Arabisch	Laut	Name	Aussprache
ميم	*m*	**mîm**	wie „m" in „**M**ut", z.B. mumkin (möglich)
نون	*n*	**nûn**	wie „n" in „**n**ett", z.B. nûr (Licht)
هاء	*h*	**hâ**	wie „h" in „**H**als", wird im Arabischen auch in der Mitte und am Ende des Wortes gesprochen (kein Dehnungs-h wie in „Mehl"!), z.B. ham (auch)
واو	*w*	**wâu**	wie das englische „w" in „**w**ell", also kein deutsches „w", z.B. walad (Junge)
ياء	*y*	**yâ**	wie „j" in „**J**agd", z.B. yôm (Tag)

Anmerkung: *Sowohl das „s̱" als auch die Buchstaben „ṯ", „ẕ" sind gepreßt gesprochene Laute, die eine Besonderheit des Arabischen darstellen. Bei ihrer Aussprache wird der Sprechapparat leicht angespannt und der hintere Teil der Zunge zum Gaumen hin angehoben. Der nachfolgende Selbstlaut wird dunkel gefärbt.*

In anderen arabischen Dialekten und im Hocharabischen wird der Buchstabe „ẕ"als dumpfes, gepreßtes „d" gesprochen.

Betonung

Die Betonung liegt immer auf der langen Silbe eines Wortes, d.h. auf dem langgesprochenen Selbstlaut (â, ê, î, ô, û) bzw. dem Doppellaut (ai, au). Hat ein Wort mehrere lange Silben, wird die zweite betont, zum Beispiel tshâkûtsh (Hammer). Ist in einem Wort jedoch kein langer Selbstlaut vorhanden, trägt die erste Silbe den Ton, so zum Beispiel in muslim (Moslem).

Wörter, die weiterhelfen

Die folgenden Wendungen werden Sie häufig hören und deshalb selbst immer wieder gebrauchen. Denken Sie daran, daß Gestik und Mimik wichtiger Bestandteil einer jeden Kommunikation im Irak sind. Achten Sie daher besonders auf die Hand- und Kopfbewegungen (vgl. dazu das Kapitel „Kurz-Knigge").

Bitte & Danke

Das sind sicherlich die beiden wichtigsten Ausdrücke.

min fa<u>z</u>lak!(m) / **min fa<u>z</u>litsh!**(w)
Bitte! (auffordernd)

isma<u>h</u>li!(m) / **isma<u>h</u>îlî!**(w)
Entschuldigen Sie! (z.B. bei einer Frage)

skukran
danke

il-*afwu
bitte (als Antwort)

Für die erste Orientierung

akû ...? Gibt es ...?

akû taksi?
er-ist-vorhanden Taxi
Gibt es ein Taxi?

akû tshâi?
er-ist-vorhanden Tee
Gibt es Tee?

Wörter, die weiterhelfen

Die Antwort darauf könnte lauten:

balî, akû.
ja, er-ist-vorhanden
Ja, gibt es / es gibt eins.

lâ, mâkû.
nein, er-ist-nicht-vorhanden
Nein, gibt es nicht / es gibt keins.

Wenn Sie nach etwas oder jemandem suchen:
wên ...?
Wo ist ...? / Wo gibt es ...?

wên utêl ir-rashîd?
wo Hotel der-Rashîd
Wo ist das Rashid-Hotel?

wên it̲-t̲abîb?
wo der-Arzt
Wo ist der Arzt?

il-bank	die Bank
hina	hier
is-sifâra	die Botschaft
il-mustashfa	das Krankenhaus
hinâk	dort
ish-shurt̲a	die Polizei
il-mat̲âr	der Flughafen
il-barîd	das Postamt
gubal̲	geradeaus
it-talafôn	das Telefon

Wörter, die weiterhelfen

Hören oder sehen Sie etwas, das Ihnen unklar erscheint, dann fragen Sie:

shinû ...? Was ist ...?

shinû hâtha?
was dieser
Was ist das?

Wenn Sie etwas benötigen oder haben möchten, so sagen Sie:

arîd ... Ich brauche ... / möchte ... / will ...

arîd ghurfa.
ich-möchte Zimmer
Ich möchte ein Zimmer.

chubuz	Brot(fladen)
tâksi	Taxi
flûs	Geld
tshâi	Tee
tamur	Datteln
mai	Wasser

Kauderwelsch-Begleitkassette

*Falls Sie sich die Sätze, die in diesem Buch vorkommen, einmal von einem Einheimischen gesprochen anhören möchten, dann können Sie sich die **Kauderwelsch-Begleitkassette** zu diesem Buch besorgen.*

Jeder Buchhändler kann sie beziehen. Sie bekommen sie aber auch beim Peter-Rump-Direktversand. Die Adresse steht vorne im Impressum.

Hauptwörter (Substantive)

Geschlecht

Im Unterschied zum Deutschen hat das Arabische – und damit auch der irakische Dialekt – nur zwei grammatische Geschlechter: männlich(m) und weiblich(w). Alle auf einen Mitlaut endenden Wörter sind – abgesehen von wenigen Ausnahmen – männlich.

tabîb	Arzt
tamur	Datteln
walad	Junge
bâb	Tür, Tor

Wörter mit auslautendem -a sind weiblich:

djidda	Großmutter, Oma
warda	Rose, Blume
shorba	Suppe
ghurfa	Zimmer, Raum

Durch Anfügen der Endung -a an eine Reihe von männlichen Wörtern kann man diese in weibliche umwandeln, so bei Berufsbezeichnungen u.a.m.:

tabîb	Arzt
tabîba	Ärztin
fallâh	Bauer
fallâha	Bäuerin
zôdj	Ehemann
zôdja	Ehefrau
mu*allim	Lehrer
mu*allima	Lehrerin
muslim	Moslem
muslima	Moslemin

Darüber hinaus sind alle Wörter, die sich auf Frauen beziehen, weiblichen Geschlechts, auch wenn sie nicht die Endung -a haben:

sitt	Dame
bint	Mädchen
umm	Mutter
uchut	Schwester

Weiblich sind auch alle Städtenamen und die meisten Länderbezeichnungen, manche Körperteile (z.B. yad - „Hand") sowie einige andere Wörter, wie z.B. shams (Sonne).

Artikel

Den unbestimmten Artikel (ein, eine) gibt es nicht. Demzufolge bedeutet bâb "(irgend)eine Tür" oder auch "Tür". Soll jedoch betont werden, daß nur eine einzige Tür gemeint ist, dann wird das Zahlwort für "eins" wâ<u>h</u>id(m) bzw. wâ<u>h</u>ida(w) hinzugefügt:

bâb wâ<u>h</u>id
eine (einzige) Tür

bint wâ<u>h</u>ida
ein (einziges) Mädchen

Der bestimmte Artikel (im Deutschen: der, die) für männliche und weibliche Wörter in Ein- und Mehrzahl lautet immer il-. Auch bei

Beugungen wird er nicht verändert. Zur Vereinfachung steht deshalb in der Wort-für-Wort-Übersetzung grundsätzlich „der". In der Schrift ist er mit dem Wort, das er näher bestimmt, verbunden und wird als Einheit gesprochen:

il-kitâb	das Buch
il-utêl	das Hotel
il-bint	das Mädchen
il-muslimîn	die Moslems
il-madîna	die Stadt
il-bâb	die Tür

Beachten Sie: Beginnt ein Wort mit d, l, n, r, s, s̲, sh, t, t̲, th, t̲h̲, z, z̲, den sogenannten "Sonnenbuchstaben" (alle anderen heißen "Mondbuchstaben"), so wird das -l des Artikels in der Aussprache, jedoch nicht in der Schrift, dem ersten Buchstaben des folgenden Wortes angeglichen und dieser verdoppelt gesprochen:

in-nûr (nicht: il-nûr)	das Licht
ir-ridjdjâl	der Mann
id-dîn	die Religion
ish-shams	die Sonne

Bei manchen Wörtern wird das "l" auch vor "dj" angeglichen, z.B.: yôm idj-djum*a (Freitag). Eine Regel dafür gibt es nicht.

Mehrzahl (Plural)

Das Arabische unterscheidet generell zwei Mehrzahlformen: äußere und innere (auch „gesunde“ und „gebrochene“ genannt).

Die äußeren Mehrzahlformen werden mittels Endungen gebildet. Im irakischen Dialekt – wie in anderen arabischen Dialekten – wird bei männlichen Wörtern -în und bei weiblichen -ât (unter Wegfall der Einzahlendung -a!) an das Wortende angefügt.

männlich:

fallâẖ	Bauer
fallâẖîn	Bauern
mu*allim	Lehrer
mu*allimîn	Lehrer
nimsâwî	Österreicher
nimsâwîyîn	Österreicher

weiblich:

fallâẖa	Bäuerin
fallâẖât	Bäuerinnen
ṯayyâra	Flugzeug
ṯayyârât	Flugzeuge
nimsâwîya	Österreicherin
nimsâwîyât	Österreicherinnen

Viele Fremdwörter aus europäischen Sprachen erhalten die weibliche Mehrzahlform -ât:

baisikl	Fahrrad
baisiklât	Fahrräder
matôr	Motor
matôrât	Motoren

Beim überwiegenden Teil der Hauptwörter jedoch wird die Mehrzahlform durch eine Veränderung der Selbstlaute innerhalb des Wortes gebildet, weshalb sie als innere oder manchmal auch unregelmäßige Mehrzahl bezeichnet werden. Diese Formen lassen sich am besten merken, indem man sie sich als eigenständige Wörter einprägt:

filim	Film	**aflâm**	Filme
bêt	Haus	**byût**	Häuser
tshilib	Hund	**tshilâb**	Hunde
madîna	Stadt	**mudun**	Städte
t̲âlib	Student	**t̲ullâb**	Studenten

Zweizahl (Dual)

Eine weitere Besonderheit des Arabischen ist die Zweizahl von Personen, Tieren oder Dingen. An die Einzahlform eines Wortes werden im irakischen Dialekt die nachfolgenden regelmäßigen Endungen angehängt:

männlich: -ên

bêt	Haus	**bêtên**	zwei Häuser
djamal	Kamel	**djamalên**	zwei Kamele
ṯâlib	Student	**ṯâlibên**	zwei Studentinnenen

weiblich: -tên

sayyâra	Auto	**sayyâratên**	zwei Autos
tshalba	Hündin	**tshalbatên**	zwei Hündinnen
ṯâliba	Studentin	**ṯâlibatên**	zwei Studentinnen

Wörter in der Zweizahlform können auch den Artikel erhalten, ohne daß sich dadurch die Endung verändert:

il-bêtên	die zwei Häuser
iṯ-ṯâlibatên	die zwei Studentinnen

Gattungsbezeichnungen (Kollektiva)

Im Arabischen gibt es eine Reihe von Wörtern, die eine Gattung bzw. eine unbestimmte Anzahl davon bezeichnen. Auch die deutsche Sprache kennt Gattungsbezeichnungen: Menschen, Vieh, Gemüse usw.

Durch Anhängen eines **-a** wird beispielsweise aus **tuffâh** (Äpfel) **tuffâha** (ein einzelner Apfel). Die Mehrzahlform davon ist **tuffâhât** (mehrere/viele Äpfel), also weiblich.

Weitere Beispiele:

nachil	Palmen
nachla	eine (einzelne) Palme
nachlât	mehrere/viele Palmen
simitsh	Fisch
simtsha	ein (einzelner) Fisch
simtshât	mehrere/viele Fische

Beachten Sie, daß der zweite Selbstlaut bei Anhängen der Endungen meist wegfällt.

Zusammengesetzte Hauptwörter

Zusammensetzungen von Hauptwörtern kennt das Arabische nicht. Wörter wie z.B. „Gemüsemarkt“ werden nach folgendem Schema gebildet, wobei nur das zweite Wort den Artikel il- erhält:

sûg	+	**il-chuzra**	**= sûg il-chuzra**
Markt	+	das Gemüse	= *Markt der-Gemüse* = Gemüsmarkt
djâmi*	+	**il-chulafâ'(Mz)**	**= djâmi* il-chulafâ'**
Moschee	+	die Kalifen	= *Moschee der-Kalifen* = Kalifenmoschee (eine alte Moschee in Bagdad)

Bei weiblichen Hauptwörtern verändert sich die Endung -a zu -at:

ghurfa	+	**in-nôm**	**= ghurfat in-nôm**
Zimmer	+	der Schlaf	= *Zimmer der-Schlaf* = Schlafzimmer

Auf diese Weise können auch Besitzverhältnisse ausgedrückt werden:

kutub iṯ-ṯâliba
die Bücher der Studentin

sayyârat il-mu*allim
das Auto des Lehrers

Eigenschaftswörter (Adjektive)

Geschlecht

Eigenschaftswörter stehen gewöhnlich nach dem Hauptwort, das sie näher bestimmen und nehmen dessen grammatikalisches Geschlecht an. Die Grundform ist männlich. Durch Anhängen der Endung -a wird die weibliche Form gebildet.

bêt djadîd	**t̠âliba djadîda**
Haus neu	*Studentin neu(w)*
ein neues Haus	eine neue Studentin

Anmerkung: Das häufig gebrauchte Eigenschaftswort chosh (gut) wird stets vor das Hauptwort gesetzt: chosh walad (ein netter Kerl).

Erhält das Hauptwort den Artikel il-, trifft das auch auf das Eigenschaftswort zu:

il-bêt idj-djadîd	**it̠-t̠âliba idj-djadîda**
der-Haus der-neu	*der-Studentin der-neu(w)*
das neue Haus	die neue Studentin

Endet das Eigenschaftswort auf -î, z.B. ghâlî (teuer), wird bei der Bildung der weiblichen Form -ya statt -a angefügt: ghâlîya.

Mehrzahl (Plural)

Auch Eigenschaftswörter können – ebenso wie Hauptwörter – Mehrzahlendungen erhalten.

Grundsätzlich gilt:

Bezeichnet das Hauptwort eine Person und steht es in der Mehrzahl, muß das mit ihm verbundene Eigenschaftswort ebenfalls die Mehrzahlform annehmen. Bei einigen Eigenschaftswörtern ist sie identisch mit der des Hauptwortes.

Mehrzahl männlich: -în
Mehrzahl weiblich: -ât
(unter Wegfall der Einzahlendung -a)

il-fallâh̲ il-*irâqî
der-Bauer der-irakisch
der irakische Bauer

il-fallâh̲în il*irâqîyîn
der-Bauern der-irakischen(m, Mz)
die irakischen Bauern

iṯ-ṯabîba idj-djadîda
der-Ärztin der-neu(w)
die neue Ärztin

iṯ-ṯabîbât idj-djadîdât
der-Ärztinnen der-neuen(w, Mz)
die neuen Ärztinnen

Bezeichnet das in der Mehrzahl stehende Hauptwort hingegen eine Sache, ein Tier oder eine Pflanze, dann erhält das Eigenschaftswort immer die weibliche Einzahlendung -a, auch dann, wenn das Hauptwort grammatikalisch männlichen Geschlechts ist:

(ein) kleines Auto **sayyâra saghîra**
Auto klein(w)

kleine Autos **sayyârât saghîra**
Autos klein(w, Ez!)

das alte Haus **il-bêt il-qadîm**
der-Haus(m) der-alt

die alten Häuser **il-byût il-qadîma**
der-Häuser der-alte(w, Ez!)

Viele Eigenschaftswörter haben allerdings – ähnlich den Hauptwörtern – eine unregelmäßige Mehrzahlform, die jedoch nur bei männlichen Hauptwörtern in der Mehrzahl angewendet wird. Sie finden diese in der Wörterliste und sollten sie sich mit der Einzahlform einprägen.

Wichtige Eigenschaftswörter

kabîr	alt (Mensch); groß	**qasîr**	kurz
***atîg**	alt (Sache)	**tawîl**	lang
qadîm	alt (historisch)	**yawâsh**	langsam
faqîr	arm	**fâzî**	leer
miskîn	arm, krank	**chafîf**	leicht (Gewicht)
ghanî	reich	**ta*bân**	müde
rachîs	billig	**qarîb**	nahe
wâsi*	breit (Fläche)	**djadîd**	neu
ghabî	dumm	**ghanî**	reich
basît	einfach, leicht	**sahîh**	richtig
muwâfiq	einverstanden	**nazîf**	sauber
ghalat	falsch	**hâmiz**	sauer
ba*îd	fern, weit	**sayyi**	schlecht
min waqit	früh, zeitig	**wasich**	schmutzig
maftûh	geöffnet, offen	**sarî***	schnell
masdûd	geschlossen	**djamîl**	schön
zên	gut; gesund	**thaqîl**	schwer (Gewicht)
hârr	heiß; scharf (Speise)	**sa*b**	schwierig
***âlî**	hoch	**hilû**	süß
saghîr	jung; klein	**ghâlî**	teuer
bârid	kalt	**kathîr**	viel
marîz	krank	**qalîl**	wenig

Farben

männlich:	weiblich:	
azrag	**zargâ'**	blau
bunnî	**bunnîya**	braun
asfar	**safrâ'**	gelb
achzar	**chazrâ'**	grün

→

Eigenschaftswörter (Adjektive)

ahmar	**hamrâ'**	rot
aswad	**saudâ'**	schwarz
abyaz	**baizâ'**	weiß
mulawwan	**mulawwana**	farbig
thahabî	**thahabîya**	golden
fizzî	**fizzîya**	silbern
tôch	**tôcha**	dunkel
fâtih	**fâtiha**	hell

Sätze ohne Verben (Nominalsätze)

Das Hilfsverb „sein“ für die Gegenwart gibt es im Arabischen nicht. Ein entsprechender Satz besteht lediglich aus Haupt- und Eigenschaftswort. Den Artikel il- erhält nur das Hauptwort, dessen grammatikalisches Geschlecht vom Eigenschaftswort übernommen wird.

Der Flughafen ist nahe. **il-matâr qarîb.**
der-Flughafen nahe

Das Zimmer ist sauber. **il-ghurfa nazîfa.**
der-Zimmer sauber(w)

oder auch:

Das irakische Essen ist scharf. **il-akil il-*irâqî hârr.**
der-Essen der-irakisch scharf

Das kleine Mädchen ist krank. **il-bint is-saghîra marîza.**
der-Mädchen der-klein(w) krank(w)

Dieses und Jenes

Zur Bestimmung eines Hauptwortes werden auch im Irakisch-Arabischen hinweisende Fürwörter (Demonstrativpronomen) verwendet. Sie lauten

für die Nähe:

hâtha	dieser, dieses	*männl. Hauptwörter Ez*
hâthi, hâi	diese	*weibl. Hauptw. Ez, Mz*
hathôli, thôli	diese	*für alle Personen Mz*

Mitunter wird auch nur hal- (bzw. har-, has- usw. bei "Sonnenbuchstaben", vgl. dazu das Kapitel "Artikel") für alle Situationen verwendet, insbesondere dann, wenn es sich um häufig gebrauchte Ausdrücke handelt, z.B. halyôm (heute), hassa (jetzt).

für die Ferne:

hathâk, thâk	jener, jenes	*männl. Hauptwörter Ez*
hathîtsh, thîtsh	jene	*weibl. Hauptw. Ez, Mz*
hathôlak, thôlak	jene	*für alle Personen Mz*

Anmerkung:
Im Gegensatz zum deutschen Sprachgebrauch werden im Irak die hinweisenden Fürwörter der Ferne viel häufiger verwendet.

Dieses und Jenes

Gewöhnlich stehen die hinweisenden Fürwörter vor dem Hauptwort, auf das sie sich beziehen. Letzteres erhält den Artikel il-, der das „i“ verliert, wenn das Fürwort auf einem Selbstlaut endet.

Dieses Haus ist alt.	**hâtha l-bêt qadîm.** *dieser der-Haus alt*
Diese Bäuerin ist Irakerin.	**hâthi l-fallâha *irâqîya.** *diese der-Bäuerin irakisch(w)*
Diese Häuser sind alt.	**hâthi l-byût qadîma** *diese (w, Ez) der-Häuser alt (w, Ez)*
Diese Bäuerinnen sind Irakerinnen.	**hatholi l-fallâhât *irâqîyât.** *diese der-Bäuerinnen irakischen(w, Mz)*
Jenes Buch ist teuer.	**thâk il-kitâb ghâlî.** *jenes der-Buch teuer*
Jene Schule ist in der Nähe.	**hathîtsh il-madrassa qarîba.** *jene der-Schule nahe(w)*

Hat das Hauptwort keinen Artikel il-, wird das hinweisende Fürwort selbständig. Es entsteht ein einfacher Satz ohne Verb.

Das ist (ein) Brot	**hâtha chubuz.** *dieser Brot*
Das sind Iraker.	**hathôli *irâqîyîn.** *diese(Mz) irakischen(m, Mz)*

Zur besonderen Hervorhebung des Hauptwortes kann das zugehörige Fürwort auch nachgestellt werden:

il-byût thîtsh qadîma.
der-Häuser jene (w, Ez) alt (w, Ez)
Jene Häuser (dort) sind alt
(... andere aber nicht).

Persönliche Fürwörter

âni	ich
inta	du(m)
inti	du(w)
huwwa	er
hiyya	sie
i<u>h</u>na	wir
intum	ihr
humma	sie

Die Höflichkeitsform „Sie" als Anrede gibt es nicht, man „duzt" sich grundsätzlich (vgl. das Kapitel „Anrede").

Im Unterschied zum Deutschen wird im irakischen Dialekt bei der Anrede (2. Person Ez) zwischen den Geschlechtern unterschieden, so daß zwei Formen existieren.

âni almânî.
ich Deutscher
Ich bin Deutscher.

inta *irâqî.
du Iraker
Du bist / Sie sind Iraker.

huwwa <u>t</u>abîb.
er Arzt
Er ist Arzt.

i<u>h</u>na suwwâ<u>h</u> almân.
wir Touristen deutschen
Wir sind deutsche Touristen.

Besitzanzeigende Fürwörter

Zur Wiedergabe eines Besitzverhältnisses im irakischen Dialekt muß an das Hauptwort eine bestimmte Endung angehängt werden. Wichtig ist dabei, ob das Hauptwort auf einem Mitlaut oder einem Selbstlaut endet. „Unser Haus“ umschreiben Sie mit „Haus-unser“.

	Wort endet auf Mitlaut	Wort endet auf Selbstlaut
mein (mir, mich)	**-î**	**-ya**
dein (dir, dich)	**-ak(m) / -itsh(w)**	**-k(m) / tsh(w)**
sein (ihm, ihn)	**-ah**	**-h**
ihr (ihr, sie)	**-ha**	**-ha**
unser (uns, uns)	**-na**	**-na**
euer (euch, euch)	**-kum**	**-kum**
ihr (ihnen, ihnen)	**-hum**	**-hum**

Wie Sie aus den in Klammern gesetzten Fürwörtern ersehen, können die arabischen Endungen noch anderweitig verwendet werden (vgl. dazu u.a. die Kapitel “Wem? oder Wen?” und “Verhältniswörter”).

Beispiele:

ismî	**bêtak**
Name-mein	*Haus-dein(m)*
mein Name	dein Haus

bintitsh
Tochter-dein(w)
deine Tochter

bêtna
Haus-unser
unser Haus

Wird ein besitzanzeigendes Fürwort an ein weibliches Hauptwort angehängt, tritt – wie bereits bekannt – die ursprüngliche Endung „-at“ an die Stelle von „-a“:

sayyâratna sarî*a.
Auto-unser schnell(w)
Unser Auto ist schnell.

Iraker drücken ein Besitzverhältnis, wenn es sich um erwerbbare Gegenstände handelt, oft auch mit Hilfe von mâl(m) bzw. mâltî(w) „Besitz“ aus (vgl. Kapitel „Scheinverben“):

il-bêt mâlî
der-Haus Besitz-mein
mein Haus

is-sayyâra mâltah djadîda.
der-Auto Besitz-sein neu(w)
Sein Auto ist neu.

Scheinverben

Im irakischen Dialekt, wie im Arabischen allgemein, gibt es sprachliche Ausdrücke, sogenannte „Scheinverben", die zwar eine Tätigkeit ausdrücken können, ihrer grammatikalischen Form nach aber keine Verben sind.

Haben

Das deutsche Verb „haben", auch in der Bedeutung „besitzen", wird mit dem Verhältniswort *ind (bei) wiedergegeben. Daran werden die jeweiligen den Besitz anzeigenden Fürwörter angehängt (vgl. Kapitel „Besitzanzeigende Fürwörter).

*Beachten Sie: Beginnt das besitzanzeigende Fürwort mit einem Mitlaut, dann fällt das „n" des Verhältniswortes „*ind" weg!*

Wollen Sie „ich habe/besitze" ausdrücken, so sagen Sie einfach „bei/mit mir (ist)".

***indî**	ich habe
***indak**	du(m) hast
***inditsh**	du(w) hast
***indah**	er hat
***idha**	sie hat
***idna**	wir haben
***idkum**	ihr habt
***idhum**	sie haben

**ind kann auch als normales Verhältniswort verwendet werden (vgl. Kapitel „Verhältniswörter").*

***indî bêt djadîd.**
bei-mir Haus neu
Ich habe ein neues Haus.

Gehören

Das deutsche Verb „gehören“ umschreibt man im Irakisch-Arabischen entweder durch Anhängen besitzanzeigender Endungen oder mittels des bereits bekannten Wortes mâl (Besitz), wenn es sich um Gegenstände handelt:

Beide Beispielsätze entsprechen natürlich auch dem deutschen „das ist sein Buch" bzw. „das ist mein Auto".

hâtha kitâbah.
dieser Buch-sein
Dieses Buch gehört ihm.

hâthi s-sayyâra mâltî.
diese (w, Ez) der-Auto Besitz-mein
Dieses Auto gehört mir.

Können

Das deutsche Hilfsverb „können“ wird durch mumkin (möglich) oder yimkin (es ist möglich) wiedergegeben, wobei es auch in einer Verbindung mit Verben stehen kann (vgl. dazu Kapitel „Tätigkeitswörter“).

mumkin *kann aber auch einer bestimmten Person zugeordnet werden. Dazu braucht man das Verhältniswort „li" (für) + besitzanzeigende Endungen:*

mumkin trûh bil-bâs.
möglich du-gehst(m) mit-der-Bus
Du kannst mit dem Bus fahren.

mumkin lî ...
möglich für-mich ...
ich kann ... usw.

yimkin *indî waqit.
er-ist-möglich bei-mir Zeit
Vielleicht habe ich Zeit.

yimkin *hat außerdem die Bedeutung „vielleicht".*

Müssen

Mit dem Wort lâzim (notwendig) werden das deutsche „müssen", aber auch „brauchen" ausgedrückt. Hat der Satz kein Verb, erhält lâzim die entsprechende besitzanzeigende Endung.

lâzim ashûfak bâtshir.
notwendig ich-sehe-dich(m) morgen
Ich muß dich morgen sehen.

lâzimna waqit kathîr.
notwendig-uns Zeit viel
Wir brauchen viel Zeit.

Wollen

Zur Wiedergabe von „wollen" und „mögen" verwendet man im irakischen Dialekt arîd ... (ich will). Diese Form kann wie ein normales Verb gebeugt werden (vgl. Kapitel „Tätigkeitswörter").

arîd flûs.
ich-will Geld
Ich will / möchte Geld.

arîd ashrab tshâi.
ich-will ich-trinke Tee
Ich will / möchte Tee trinken.

Steigern und Vergleichen

Steigern

Bei der Steigerung von Eigenschaftswörtern (z.B. schön – schöner – am schönsten) werden deren Mitlaute der Reihe nach in ein bestimmtes Schema eingefügt:

a = Selbstlaut,
1.M, 2.M, 3.M =
1., 2. und 3. Mitlaut

a	1.M	2.M	**a**	3.M

Wie ist nun die Anwendung? Die Steigerungsform beginnt immer mit dem Selbstlaut **a**. Es folgen der 1. und 2. Mitlaut (1.M + 2.M), dann nochmals – ebenfalls immer – der Selbstlaut **a** und schließlich der 3. Mitlaut (3.M).

Beispiel: djamîl (schön) hat die Mitlaute dj-m-l. Nach dem Schema entsteht „a-dj-m-a-l": adjmal (schöner).

Dieses Steigerungsschema läßt sich allerdings nicht immer anwenden, so u.a. bei allen Eigenschaftswörtern mit den Vorsilben ma- (mahbûb - beliebt) und mu- (mufîd - nützlich). Hierbei kombinieren Sie das entsprechende Eigenschaftswort mit akthar (mehr), das eine Steigerungsform von kathîr (viel) ist:

huwwa mahbûb akthar.
er beliebt mehr
Er ist beliebter.

hâtha mufîd ak<u>th</u>ar.
dieser nützlich mehr
Dieses ist nützlicher.

Wollen Sie sagen, daß Ihnen etwas zu klein, zu teuer usw. ist, verwenden Sie das Eigenschaftswort in der Grundform und ergänzen es durch kullish (zu, sehr):

hâtha l-akil ghâlî kullish.
dieser der-Essen teuer zu
Dieses Essen ist zu teuer.

Da mit kullish ebenso das deutsche „sehr" ausgedrückt werden kann, wäre demzufolge dieser Satz auch zu übersetzen: „Dieses Essen ist sehr teuer."

Die 2. Steigerungsstufe wird wie folgt gebildet.

bei Personen:

huwwa achûya il-akbar.
er Bruder-mein der-größte
Er ist mein ältester Bruder.

bei Dingen (mit shî – Sache):

hâtha archa<u>s</u> shî.
dieser billiger Sache
Dies ist das billigste.

Vergleichen

Um Personen oder Dinge miteinander vergleichen zu können, benötigen Sie das Wort min (als):

âni asghar min uchtî.
ich kleiner als Schwester-mein
Ich bin jünger als meine Schwester.

baghdâd adjmal min il-basra.
Bagdad schöner als der-Basra
Bagdad ist schöner als Basra.

Verwenden Sie persönliche Fürwörter für Vergleiche, werden diese an min angehängt:

huwwa akbar minî.
er größer als-mich
Er ist älter als ich.

âni ta*bân akthar minak.
ich müde mehr als-dich(m)
Ich bin müder als du.

Der Vergleich „so ... wie" wird im irakischen Dialekt mit mithil (wie) ausgedrückt:

hâtha l-kitâb mufîd mithil thâk.
dieser der-Buch nützlich wie jenes
Dieses Buch ist (genau) so nützlich wie jenes.

âni wu-inta(m) ich und du

Noch ein Hinweis: Im Irak ist es üblich und gilt deshalb auch nicht als unhöflich, wenn sich der „Esel" zuerst nennt!

Tätigkeitswörter

Vergangenheit

Im Arabischen und somit auch im irakischen Dialekt besitzen Tätigkeitswörter keine Nennform (Infinitiv), wie wir sie vom Deutschen her kennen. Statt dessen steht im Wörterverzeichnis immer die Zeitstufe der Vergangenheit, 3. Person, Einzahl, männlich, die manchmal auch als „Grundform" des Tätigkeitswortes bezeichnet wird. Beispielsweise finden Sie „bezahlen„ als difa* (er bezahlte) wiedergegeben.

Die Grundform ist zugleich Ausgang für die Beugung eines Tätigkeitswortes, indem daran die entsprechenden Personenendungen (ich, du, er usw.) angehängt werden. Die Verwendung der persönlichen Fürwörter ist nur zur Hervorhebung notwendig, z.B. âni adfa* - **ich** bezahle (und nicht du).

Die Vergangenheitsform im irakischen Dialekt entspricht sowohl der deutschen einfachen Vergangenheit (Imperfekt) als auch der vollendeten Gegenwart (Perfekt).

difa*it
bezahlte-ich
Ich bezahlte / habe bezahlt.

i<u>h</u>na difa*na
wir bezahlten-wir
Wir (und nicht ihr!) bezahlten / haben bezahlt.

Hier nun das Beugungsmuster (Endungen) für Tätigkeitswörter in der Vergangenheit:

ich	**-it**
du(m)	**-it**
du(w)	**-tî**
er	(Grundform)
sie	**-at**
wir	**-na**
ihr	**-tu**
sie	**-au**

Beispiel:

shirab	trinken
shirabit	ich trank
shirabit	du(m) trankst
shirabtî	du(w) trankst
shirab	er trank
shirabat	sie trank
shirabna	wir tranken
shirabtu	ihr trankt
shirabau	sie tranken

Verben mit verdoppeltem Mitlaut am Wortende

Besonderheiten: Nicht immer ist die Beugung so einfach. Bei den folgenden drei Verbarten verändern sich die Grundformen (außer in den 3. Pers. Ez und Mz).

An die Grundform wird zusätzlich ein -ê angehängt. h̲abb (lieben) ändert sich zu h̲abbê-. Dieses Verb benutzen die Iraker viel, da es neben der angegebenen Bedeutung auch noch „mögen, wünschen, wollen" heißt. Sie sollten es sich deshalb gut einprägen.

h̲abb	**h̲abbê-**	lieben
h̲abbêt		ich liebte
h̲abbêt		du(m) liebtest
h̲abbêtî		du(w) liebtest
h̲abb		er liebte
h̲abbat		sie liebte
h̲abbêna		wir liebten
h̲abbêtu		ihr liebtet
h̲abbau		sie liebten

Verben mit langem -â- in der Wortmitte

An die Stelle des langen -â- tritt ein kurzes -u- oder -i- . Da die Regeln hierfür recht kompliziert sind, ist es am günstigsten, wenn Sie die Beugung dieser Verben auswendig lernen.

shâf	**shuf-**	sehen
shufit		ich sah
shufit		du(m) sahst
shuftî		du(w) sahst
shâf		er sah
shâfat		sie sah
shufna		wir sahen
shuftu		ihr saht
shâfau		sie sahen

djâb	**djib-**	bringen
djibit		ich brachte
djibit		du(m) brachtest
djibtî		du(w) brachtest
djâb		er brachte
djâbat		sie brachte
djibna		wir brachten
djibtu		ihr brachtet
djâbau		sie brachten

„sein" in der Vergangenheit

Anders als in der Gegenwart (vgl. Kapitel „Sätze ohne Verben") braucht man für die Zeitstufe der Vergangenheit das Hilfsverb „sein". Es lautet tshân (war). Die viel verwendeten Formen sehen so aus:

tshân	**tshin-**	war
tshinit		ich war
tshinit		du(m) warst
tshintî		du(w) warst
tshân		er war
tshânat		sie war
tshinna		wir waren
tshintu		ihr wart
tshânau		sie waren

Mit Hilfe von tshân können Sie Sätze, die in der Gegenwart kein Verb haben, in die Vergangenheit setzen:

bêtna djadîd.
Haus-unser neu
Unser Haus ist neu.

bêtna tshân djadîd.
Haus-unser war-er neu
Unser Haus war neu.

Der deutsche Ausdruck „es war" wird im Irakisch-Arabischen mit tshân (er war) wiedergegeben:

tshân djamîl.
war-er schön
Es war schön.

Auch die im Kapitel „Scheinverben" genannten Konstruktionen werden mit einer Beugungsform von tshân in der Vergangenheit ausgedrückt, da sie selbst in dieser Zeitstufe keine eigenen Formen haben:

tshânat *indî sayyâra djamîla.
war-sie bei-mir Auto schön(w)
Ich hatte ein schönes Auto.

tshân lâzim ashûfitsh ilbâr<u>h</u>a.
war-er notwendig ich-sehe-dich(w) gestern
Ich mußte dich gestern sehen.

Gegenwart

Der dem ersten Mitlaut in der Grundform folgende Selbstlaut fällt weg, z.B. shirab (Grundform des Verbs „trinken") verändert sich zu -shrab. Daran werden nun die Vor- und Nachsilben für die entsprechenden Personen angehängt.

Die Beugungsformen der Gegenwart werden von der Grundform Vergangenheit hergeleitet. Sie bieten keine größeren Schwierigkeiten bei der Bildung und Anwendung.

ich	**a-**
du(m)	**ti-**
du(w)	**ti-...-în**
er	**yi-**
sie	**ti-**
wir	**ni-**
ihr	**ti-...ûn**
sie	**yi-...ûn**

Auf das Verb shirab angewandt, sieht die Beugung so aus:

shirab	trinken
ashrab	ich trinke
tishrab	du(m) trinkst
tishrabîn	du(w) trinkst
yishrab	er trinkt
tishrab	sie trinkt
nishrab	wir trinken
tishrabûn	ihr trinkt
yishrabûn	sie trinken

Noch eine wichtige Anmerkung

Nicht immer bleibt der zweite Selbstlaut der Grundform Vergangenheit in den gebeugten Formen der Gegenwart erhalten (also das -a- von shirab). Bei vielen Verben ändert er sich, meist zu -u-, nur manchmal zu -i-. Eine Regel gibt es nicht.

Nach dem obigen Muster können Sie die meisten Verben beugen. Nur bei einigen Verben gibt es Besonderheiten, auf die Sie achten sollten:

Verben mit kurzem Selbstlaut a- am Wortanfang verändern diesen in der Gegenwart zu einem langen -â-:

akal	er aß	**yâkul**	er ißt
achath	er nahm	**yâchuth**	er nimmt

Haben Verben ein langes -â- in der Wortmitte, wird dieses in den Gegenwartsformen durch ein langes -û- (selten -î-) ersetzt:

zâr	er besuchte	**yizûr**	er besucht
râh̲	er ging	**yirûh̲**	er geht
shâf	er sah	**yishûf**	er sieht

Verben, die auf -a enden, verwandeln dieses in der Gegenwart zu langem -î. Nur manchmal bleibt es unverändert; wofür aber keine Regel existiert.

shtira	er kaufte	**yishtirî**	er kauft
h̲itsha	er sprach	**yih̲tshî**	er spricht

In den Wörterlisten im Anhang wird zusätzlich zur Grundform die Gegenwartsform (3. Pers. Ez, m.) angegeben. Man sollte sich beide Formen gut einprägen.

tmashsha	er ging
yitmashsha	er geht
t*ashsha	er aß Abendbrot
yit*ashsha	er ißt Abendbrot

Keine Schwierigkeiten bieten Verben, die in der Grundform Vergangenheit auf zwei gleiche (verdoppelte) Mitlaute enden:

habb	er wollte	**yihibb**	er will
***add**	er zählte	**yi*idd**	er zählt

Wird der zweite Mitlaut verdoppelt, ist die Selbstlautfolge in der Gegenwart i-a-i:

challas	er beendete
yichallis	er beendet
sawwar	er fotografierte
yisawwir	er fotografiert

Kombination mit Verben der Art und Weise (Modalverben)

Die Ausdrücke yimkin (möglich, vielleicht) und lâzim (notwendig) können mit Verben kombiniert werden:

yimkin râh ila l-bêt.
er-möglich ging-er zu der-Haus
Vielleicht ist er nach Hause gegangen.

lâzim yâkul.
notwendig er-ißt
Er muß essen.

Zukunft (Futur)

Die Bildung der Zukunft erfolgt mit Hilfe des Verbs râh (gehen), das unverändert bleibt und vor der Beugungsform steht:

râh yisâfir li-almânia.
ging-er er-reist nach-Deutschland
Er wird nach Deutschland reisen.

ba*ad sana râh adrus *arabî.
nach Jahr ging-er ich-lerne Arabisch.
In einem Jahr werde ich Arabisch lernen.

Das deutsche Hilfsverb „werden“ entspricht im irakischen Dialekt sâr (Gegenwartsform: yisîr). Es wird nicht zur Bildung der Zukunft verwendet.

kull yisîr zên.
alles er-wird gut
Alles wird gut.

hiyya sârat ta*bâna.
sie wurde-sie müde
Sie ist müde geworden.

Mittelwort der Gegenwart (Partizip I)

Das Partizip I (z.B. essend, gehend usw.) steht im irakischen Dialekt häufig anstelle der gebeugten Verbform Gegenwart. Es läßt sich

Da das Partizip keine Beugungsendungen hat, muß ihm zur Bestimmung der Person das entsprechende Fürwort zugeordnet werden.

nach einer festen Regel vom Verb herleiten, die jedoch aufgrund zahlreicher Besonderheiten hier nicht näher erläutert werden soll. Zudem findet nicht jedes Partizip auf diese Weise Anwendung. Am besten ist es, Sie prägen sich die untenstehenden und im Konversationsteil vorkommenden Partizipien gut ein.

Da das Partizip keine Beugungsendungen hat, muß ihm zur Bestimmung der Person das entsprechende Fürwort zugeordnet werden.

fiham	verstehen
fâhim	verstehend
âni fâhim	ich verstehend

âni fâhim ist gleichbedeutend mit der Beugungsform (âni) afham: ich verstehe.

Partizipien werden grammatikalisch wie Eigenschaftswörter behandelt. Beziehen sie sich auf weibliche Personen, erhalten sie die Ihnen schon bekannten Endungen -a (Ez) bzw. -ât (Mz) sowie -în für die männliche Mehrzahl.

âni râyih hassa li-baghdâd.
ich gehend(m) jetzt nach Bagdad
Ich fahre jetzt nach Bagdad.

inti fâhima?
du(w) verstehend(w)
Verstehst du?

ihna *ârifîn hâtha!
wir wissend(m, Mz) dieser
Wir wissen/kennen das!

Mit tshân (war) wird die Handlung in der Vergangenheit ausgedrückt, aber nicht häufig angewendet:

ihna tshinna fâhimîn hâtha!
wir waren-wir verstehend(m, Mz) dieser
Wir haben das (schon) verstanden!

	Vergangenheit	Gegenwart	Partizip I
Angst haben	**châf**	**yichâf**	**châyif**
ausruhen, sich	**rtâh**	**yirtâh**	**murtâh**
benutzen	**sta*mal**	**yista*mil**	**musta*mil**
besuchen	**zâr**	**yizûr**	**zâyir**
bezahlen	**difa***	**yidfa***	**dâfi***
erklären	**shirah**	**yishrah**	**shârih**
essen	**akal**	**yâkul**	**âkil**
gehen, fahren	**râh**	**yirûh**	**râyih**
kommen	**idja**	**yidjî**	**djâi**
machen / tun	**sawwa**	**yisawwî**	**musawwî**
schlafen	**nâm**	**yinâm**	**nâyim**
sehen	**shâf**	**yishûf**	**shâyif**
sitzen	**gi*ad**	**yig*ud**	**gâ*id**
trinken	**shirab**	**yishrab**	**shârib**
verstehen	**fiham**	**yifham**	**fâhim**
warten	**ntizar**	**yintizir**	**muntazir**
wissen	***iraf**	**yi*ruf**	***ârif**
wohnen	**sikan**	**yiskin**	**sâkin**

Wem? oder Wen?

Für „mir, mich; dir, dich“ usw. in Sätzen wie „ich schreibe dir“ oder „er sieht mich“ verwenden die Iraker die Ihnen bekannten besitzanzeigenden Endungen. Sie werden einfach an das Verb angehängt (vgl. Kapitel „Besitzanzeigende Fürwörter“).
Beachten Sie allerdings, daß bei der 1. Pers. Einzahl (mir, mich) die Endung -nî statt -î lautet.

ftihamitnî
verstandest-du(m)-mich
Hast du mich verstanden?

ashûfak bâtshir
ich-sehe-dich(m) morgen
Ich sehe dich morgen.

Um eine bestimmte grammatikalische Beziehung herzustellen, werden im irakischen Dialekt, ähnlich wie im Deutschen, einige Verben mit Verhältniswörtern verbunden, an die besitzanzeigende Endungen angefügt werden:

katabit laha risâla.
schrieb-ich für-sie Brief
Ich habe ihr einen Brief geschrieben.

nrû<u>h</u> wîyâk.
wir-gehen mit-dir(m).
Wir gehen mit dir.

Bindewörter

lâkin	aber
ka'annu	als ob
qabul mâ	bevor
h̲atta	bis (daß ...)
ba*dên	danach
inna	daß
li'anna	denn / weil
ba'd mâ	nachdem
bass	nur / aber
au	oder
h̲atta	um zu / damit
wa-/w-	und
lâ ... wu-lâ	weder ... noch
illî	welche(r, s)
lamma	wenn (zeitl.)
mithil	wie (vergleichend)

inna (daß) wird wie im Deutschen verwendet:

Hinweis: wu- *verschmilzt mit dem Artikel zu* wil- *(und der, und die).*

a*ruf inna l-utêl ba*îd.
ich-weiß, daß der-Hotel weit
Ich weiß, daß es bis zum Hotel weit ist.

li'anna (denn, weil) wird ebenfalls wie im Deutschen gebraucht:

Bindewörter werden im großen und ganzen wie im Deutschen verwendet.

is-sidjdjâda ghâlîya li'anna hiyya qadîma.
der-Teppich(w) teuer(w), weil sie alt(w)
Der Teppich ist teuer, weil er alt ist.

Satzkonstruktionen, wie „der Mann, der/welcher ..." usw. können Sie mit illî (der, die das, die Mz. bzw. welcher, welche, welches, welche Mz.) bilden:

ir-ridjdjâl illî gâl ...
der-Mann, welcher sagte-er ...
Der Mann, der gesagt hat ...

i<u>t</u>-<u>t</u>âliba illî tadrus bi-baghdâd ...
der Studentin, welche sie-studiert in Bagdad ...
Die Studentin, die in Bagdad studiert ...

Wollen Sie jedoch sagen „ der Mann, den ...", so wird das folgendermaßen ausgedrückt:

ir-ridjdjâl illî shuftuh ilbâr<u>h</u>a bi-s-sûg ...
der-Mann, welcher sah-ich-ihn gestern in-der-Markt ...
Der Mann, den ich gestern auf dem Markt gesehen habe ...

Verhältniswörter

***ala**	auf
ghêr	außer
***ind**	bei
hatta	bis (zeitl.)
li	für
wara	hinter
fî, bi	in
dâchil	innerhalb / inmitten
wîya, ma*a	mit
ba*ad	nach (zeitl.)
ila	nach / zu (Ort)
yamm	neben
bidûn	ohne
fôg	über (Ort)
tahat	unter
min	von / aus
giddâm	vor (Ort)
gabul	vor (zeitl.)
***an**	von ... weg
bên	zwischen

Verhältniswörter, die auf dem Selbstlaut „i" enden, verschmelzen in der Aussprache mit dem nachfolgenden Artikel il- wobei dessen „i" wegfällt:

li + il = lil	**lil-bint**	für das Mädchen
bi + il = bil	**bil-bêt**	im Haus, zu Hause

Endet das Verhältniswort hingegen auf „a“, verändert sich der Artikel il- zu al-:

auf dem Tisch	***ala + il = *alal**	***alal-mêz**
in die Stadt	**ila + il = ilal**	**ilal-madîna**

Zur Wiedergabe des deutschen „bei mir“ oder auch „außer dir“ usw. werden im irakischen Dialekt die Ihnen bekannten besitzanzeigenden Fürwörter an das jeweilige Verhältniswort angehängt:

***indî**	**ghêrak**
bei-mir	*außer-dir(m)*
bei mir	außer dir

ug*ud yammuh!
setz-dich(m) neben-ihn
Setz dich zu ihm / neben ihn!

Fragen

Ergänzungsfragen

yamta?	wann?
liêsh?	warum?
shinû?	was?
aiy?/yâ?	welche (r, s)?
minû?	wer?
shlôn?	wie?
biêsh?	wie teuer?
tsham?	wieviel(e)?
shgad?	wie weit?
wên?	wo?
minên?	woher?
li-wên?	wohin?
liêsh?	wofür? / wozu?

Wie die Beispiele zeigen, können an Fragewörter besitzanzeigende Endungen anhängt werden.

yamta ashûfak?
wann ich-sehe-dich(m)
Wann sehe ich dich?

shlônitsh?
wie-du(w)
Wie geht es dir?

Fragewörter stehen wie im Deutschen normalerweise am Satzanfang

biêsh il-chubuz?
wie teuer der-Brot
Wieviel kostet das Brot?

wên bêtak?
wo Haus-dein
Wo ist dein Haus?

Soll das Fragewort besonders betont werden, kann es auch am Ende des Satzes stehen

râh yamta?
ging-er wann
Er ist wann gegangen?

huwwa wên?
er wo
Er ist wo?

Entscheidungsfragen

Fragen, die sich mit „ja“ oder „nein“ beantworten lassen, sind Entscheidungsfragen. Sie haben keine Fragewörter und werden oft mit dem Wort akû ...? (gibt es ...?) gebildet.

akû tshâi *idkum?
er-gibt Tee bei-euch
Haben Sie Tee?

akû tamur ṯâze?
er-gibt Datteln frisch
Gibt es frische Datteln?

Die Antwort könnte einfach nur balî (ja) bzw. lâ (nein) oder auch akû (es gibt) bzw. mâkû (es gibt nicht) lauten. Selten wird im vollständigen Satz geantwortet.

Auch im irakischen Dialekt kann ein Aussagesatz als Fragesatz wiedergegeben werden, indem man am Satzende die Stimme etwas hebt.

abûk bil-bêt?
Vater-dein im-Haus
Ist dein Vater zu Hause?

balî, huwwa bil-bêt.
ja, er im-Haus
Ja, er ist zu Hause.

Verneinung

Nominalsätze (Sätze ohne Verben) werden mit mû (nicht / kein) verneint. Es steht immer vor dem Haupt- oder Eigenschaftswort. Die Satzstellung ändert sich dadurch nicht.

il-môz mû ghâlî.
der-Bananen nicht teuer
Die Bananen sind nicht teuer.

il-utêl mû ba*îd.
der-Hotel nicht weit
Das Hotel ist nicht weit.

lâ, âni mû inglîzî
nein, ich nicht Engländer
Nein, ich bin kein Engländer.

hâtha mû zên.
dieser nicht gut
Das ist nicht gut.

Besitzt der Satz hingegen ein Verb, wird dieses in den Zeitstufen Gegenwart und Vergangenheit mit mâ (nicht) verneint und steht immer vor dem Verb.

mâ idja.
nicht kam-er
Er ist nicht gekommen.

mâ a*ruf.
nicht ich-weiß
Ich weiß (es) nicht.

Die Wendungen *ind *(bei) für „haben“,* lâzim *(notwendig) für „müssen“,* mumkin *(möglich) für „können“ und* akû *(es gibt) werden ebenfalls durch* mâ *verneint.*

liêsh mâ châbaritnî ilbârha?
warum nicht anriefst-du(m)-mich gestern
Warum haben Sie mich gestern nicht angerufen?

mâ *indî wakit hassa.
nicht bei-mir Zeit jetzt
Ich habe jetzt keine Zeit.

mâkû shî.
nicht-er-gibt Sache
Es ist nichts (passiert).

Für die deutschen Ausdrücke „nichts“, „nie(mals)“, „niemand“ und „nirgends“ sowie „kein einziges Mal“ und „nicht alles“ kennt der irakische Dialekt besondere Konstruktionen:

mâkû shî
nicht-er-gibt Sache
(gar) nichts

mâ ... abadan
nicht ... niemals
(nie)mals

mâhad
nicht-einer
niemand

wu-lâ makân
und-nein Ort
nirgends

mâ ... wu-lâ marra
nicht und-nein Mal
kein einziges Mal

mâ ... kull shî
nicht .... jede Sache
nicht alles

Beispiele:

mâ tshinnit bi-baghdâd abadan.
nicht war-ich in-Bagdad niemals
Ich war noch nie in Bagdad.

mâ ftihamit kull shî.
nicht verstand-ich jede Sache
Ich habe nicht alles verstanden.

Noch ein Hinweis: shî (Sache, Ding, etwas) wird für alle Wörter verwendet, die einem im Moment gerade nicht einfallen oder die man nicht kennt:

hinâk fadd shî.
dort gewisse Sache
Dort ist etwas.

Dazu gehört auch shisma *(was-ist-sein-Name).* Es wird aber gebraucht als Ersatz für ein unbekanntes Wort, im Deutschen dem „Dings" entsprechend. Sie sollten sich beide Wörter gut einprägen.

Auffordern

Die Regeln zur Bildung der Befehlsform (Imperativ) sind zu umfangreich und kompliziert, um sie hier alle zu erklären. Es ist deshalb vorteilhaft, wenn Sie die häufigsten Befehlsformen auswendig lernen. Weitere finden Sie bei Bedarf in den Wörterlisten im Anhang.

Grundlage für die Befehlsform von vielen Verben bildet die 2. Person Einzahl bzw. Mehrzahl Gegenwart. Die Vorsilbe ti- (bei manchen Verben t-) entfällt und wird ersetzt durch i-, wenn der nachfolgende Selbstlaut a oder i ist, ansonsten durch u. Bei anderen Verben fällt einfach die Vorsilbe weg. Wer sich ausführlicher damit beschäftigen will: In den Arabisch-Lehrbüchern werden sie als erweiterte Verbstämme bezeichnet.

Beispiel:

tishrab	du trinkst
ishrab!	trink!
tishrabûn	ihr trinkt(m/w)
ishrabû!	trinkt!

Die weibliche Befehlsform Einzahl lautet:

tishrabîn	**ishrabî!**

Wie Sie sehen, verliert die Befehlsform der Mehrzahl und der Einzahl(w) außerdem das n der Endung.

Häufige Befehlsformen:

Einzahl (m/w)			Mehrzahl
bringe!	**djîb! / djîbî!**	bringt!	**djîbû!**
frage!	**is'al! / is'alî!**	fragt!	**is'alû!**
geh!	**rûh̲! / rûh̲î!**	geht!	**rûh̲û!**
gib!	**nt̲i! / nt̲î!**	gebt!	**nt̲û!**
iß!	**kul! / kûlî!**	eßt!	**kulû!**
lies!	**iqra! / iqra'î!**	lest!	**iqra'û!**
nimm!	**chuth! / chuthî!**	nehmt!	**chuthû!**
sage!	**gul! / gûlî!**	sagt!	**gûlû!**
schau!	**shûf! / shûfî!**	schaut!	**shûfû!**
schreib!	**uktub! / uktubî!**	schreibt!	**uktubû!**
setz dich!	**ug*ud! / ug*udî!**	setzt euch!	**ug*udû!**
sprich!	**ih̲tshi! / ih̲tshî!**	sprecht!	**ih̲tshû!**
trink!	**ishrab! / ishrabî!**	trinkt!	**ishrabû!**
tritt ein!	**udchul! / udchulî!**	tretet ein!	**udchulû!**

Sehr oft werden auch die nachfolgenden Befehlsformen verwendet. Sie gehen auf kein gebräuchliches Verb zurück.

ta*âl! / ta*âlî!	komm her!
ta*âlû!	kommt her!
chalâs! (nur eine Form)	Schluß jetzt!
yalla! (nur eine Form)	beeile dich! / beeilt euch!

Befehlsformen können durch yalla! verstärkt werden:

yalla ruh!
schnell, geh(m)
etwa: los, hau ab!

yalla uktub!
schnell, schreib(m)
Los, schreib (endlich)!

Verbunden werden kann yalla aber auch mit einem indirekten Befehl:

yalla nrûh!
schnell, wir-gehen
Los, gehen wir!

Zahlen und Zählen

Grundzahlen

Unsere Zahlen nennen wir „arabische Zahlen“, weil sie im Mittelalter von den Arabern über Spanien und Sizilien nach Europa gebracht wurden. Allerdings sehen die in der arabischen Welt heute gebräuchlichen Zahlen völlig anders aus. Unterschiede bestehen dabei zwischen der gedruckten (obere Zeile) und der handgeschriebenen Form (untere Zeile):

Übrigens: Im Gegensatz zur arabischen Schrift werden die Zahlen – wie bei uns – von links nach rechts geschrieben. Denken Sie also daran, wenn Sie einkaufen und die Preise lesen wollen!

١	٢	٣	٤	٥	٦	٧	٨	٩	٠
١	٢	٣	٤	٥	٦	٧	٨	٩	٠
1	2	3	4	5	6	7	8	9	0

0	**sifir**
1	**wâhid**
2	**thnên**
3	**thlâtha**
4	**arba*a**
5	**chamsa**
6	**sitta**
7	**sab*a**
8	**thmânya**
9	**tis*a**
10	***ashra**

Zahlen

Um den Umgang mit Zahlen zu erleichtern, wird auf jeder Kauderwelsch-Seite die Seitenzahl auch auf irakisch gezählt!

Zahlen und Zählen

Die Zahlen von 11 bis 19 haben die Endung -*ash:

11	<u>h</u>dâ*ash
12	<u>th</u>nâ*ash
13	<u>thlatt</u>â*ash
14	arba<u>t</u>â*ash
15	chmu<u>st</u>â*ash
16	<u>sitt</u>â*ash
17	<u>sb</u>a<u>t</u>â*ash
18	<u>thm</u>un<u>t</u>â*ash
19	tsa*<u>t</u>â*ash

Die Zahlen von 20 bis 90 (Zehner) haben die Endung -în:

20	*ishrîn
30	<u>thlâth</u>în
40	arba*în
50	chamsîn
60	sittîn
70	sab*în
80	<u>th</u>mânîn
90	tis*în

*Wie im Deutschen auch wird erst der Einer und dann der Zehner gelesen, z.B. chamsa wu-*ishrîn (fünf-und-zwanzig).*

Einer- und Zehnerzahlen werden mit wu- (und) verbunden.

21	wâ<u>h</u>id wu-*ishrîn
22	<u>th</u>nên wu-*ishrîn
34	arba*a wu-<u>thlâth</u>în
45	chamsa wu-arba*în
56	sitta wu-chamsîn usw.

Die Zahlen von 100 bis 900 (Hunderter) enden auf -mîya (hundert). Nur die Bezeichnung für 200 weicht davon ab. Sie steht in der (im Dialekt leicht veränderten) Zweizahlform von 100.

100	**mîya**
200	**mîtên**
300	**thlâth-mîya**
400	**arba*-mîya**
500	**chams-mîya**
600	**sit-mîya**
700	**saba*-mîya**
800	**thmân-mîya**
900	**tis*-mîya**

Die Zahlen von 1000 bis 10 000 (Tausender) enden auf -âlâf (Mehrzahl von alif tausend). Die Bezeichnung für 2000 ist , wie bei 200, die Zweizahlform von 1000.

1000	**alif**
2000	**alfên**
3000	**tlât-âlâf**
4000	**arba*at-âlâf**
5000	**chamsat-âlâf**
6000	**sitt-âlâf**
7000	**sab*at-âlâf**
8000	**thmânat-âlâf**
9000	**tis*at-âlâf**
10.000	***ashrat-âlâf**

„Million" ist im irakischen Dialekt ein Fremdwort und heißt malyûn.

Weitere Zahlen können Sie durch Zusammensetzungen bilden, z.B.:

325 **thlâth-mîya wu-chamsa wu-*ishrîn**
drei-hundert und-fünf und-zwanzig

6555 **sitt-âlâf wu-chams-mîya wu-chamsa wu-chamsîn**
sechs-tausend und-fünf-hundert und-fünf und-fünfzig

Zählen

Gezählte Personen oder Gegenstände stehen immer hinter der Zahl. 3 bis 10 verlangen die Mehrzahl, alle anderen die Einzahl, bei 2 die Zweizahl.

Beispiele:

***indî thlâtha wulid wu-bintên.**
bei-mir drei Söhne und-zwei-Töchter
Ich habe drei Söhne und zwei Töchter.

***indak mîtên wu-chamsîn dinâr?**
bei-dir(m) zweihundert und-fünfzig Dinar
Hast du zweihundertundfünfzig Dinar (bei dir)?

Grundrechenarten

Addition	(+, plus, und)	**wu / zâyid**	*und*
Subtraktion	(-, minus, weniger)	**nâqus̱**	*weniger*
Multiplikation	(x, mal)	**fî**	*in*
Division	(:, dividiert, geteilt durch)	***ala**	*auf*
Ergebnis	(=, ist gleich)	**yisâwî**	*er-gleicht*
Prozent	(%, Prozent)	**bil-mîya**	*in-der-Hundert*

Beispiele:

200 Dinar + 500 Dinar = 700 Dinar
mîtên dinâr wu / zâyid chams-mîya dinâr yisâwî saba*-mîya dinâr
zweihundert Dinar und fünfhundert Dinar er-gleicht siebenhundert Dinar

10 x 7 = 70
***ashra fî sab*a yisâwi sab*în**
zehn in sieben er-gleicht siebzig

95% der Iraker sind Moslems.
chamsa wu-tis*în fil-mîya min il-*irâqiyîn muslimîn.
fünf und-neunzig in-der-hundert von der-Iraker(m, Mz) Moslems(m, Mz)

Ordnungszahlen

Die Ordnungszahlen werden grammatikalisch den Eigenschaftswörtern zugeordnet und deshalb auch wie diese behandelt. Beziehen sie sich auf ein weibliches Hauptwort, erhalten sie die weibliche Endung -a.

awwal, -a	erster, erste
<u>th</u>ânî, ya	zweiter, zweite
<u>th</u>âli<u>th</u>, -a	dritter, dritte
râbi*, -a	vierter, vierte
châmis, -a	fünfter, fünfte
sâdis, sâdsa	sechster, sechste
sâbi*, -a	siebter, siebte
<u>th</u>âmin, -a	achter, achte
tâsi*, -a	neunter, neunte
*âshir, -a	zehnter, zehnte

Ab „elfter, elfte" usw. sind die Grundzahlen gleichzeitig Ordnungszahlen, übrigens ohne Unterscheidung zwischen männlichem und weiblichem Geschlecht.

il-bâb i<u>th</u>-<u>th</u>ânî yamîn.
der-Tür der-zweite rechts
die zweite Tür rechts

i<u>t</u>-<u>t</u>âliba i<u>th</u>-<u>th</u>nâ*ash
der-Studentin der-zwölf
die zwölfte Studentin

Bei Aufzählungen „erstens, zweitens" usw. finden ebenfalls die Ordnungszahlen Anwendung, erweitert durch die Endung -an.

awwalan	erstens	
thânîyan	zweitens	usw.

Ausdrücke wie „einmal, zweimal" usw. werden im irakischen Dialekt so wiedergegeben:

fadd marra	einmal	
martên	zweimal	
thlâth marrât	dreimal	
arba* marrât	viermal	usw.

Bruchzahlen

1/2	**nuss**	**1/6**	**sudus**
1/3	**thuluth**	**1/7**	**subu***
1/4	**rubu***	**1/8**	**thumun** usw.
1/5	**chumus**	**3/4**	**tlat arbâ***

Verstärkt werden können diese Bruchzahlen durch wâhid *(eins), z.B.* wâhid rubu* *(ein Viertel).*

Alter

Nach dem Alter fragt man: **shgad *umrak?**
wieviel Alter-dein(m)
Wie alt bist du / sind Sie?

oder auch: **inta shgad *umrak?**
du wieviel Alter-dein(m)
Wie alt bist du / sind Sie?

Die Anwort könnte lauten: ***umrî tis*a wu-<u>th</u>lâ<u>th</u>în sana.**
Alter-mein neun und-dreißig Jahr
Ich bin neununddreißig Jahre alt.

Natürlich genügt es auch, nur die Zahl zu nennen, also z.B. arba*în (vierzig). Das ist die kürzeste Altersangabe.

Zeit und Datum

Wichtige Zeitwörter

bil-masâ'	abends
thâk il-waqit	damals
ba*dên	danach, später
ilbârha	gestern
ilyôm	heute
der-Tag	
dâyman	immer
hassa	jetzt, nun
biz-zuhur	mittags
in-der-Mittag	
bâtshir	morgen
bis-subuh	morgens
ba*ad iz-zuhur	nachmittags
nach der-Mittag	
bil-lêl	nachts
abadan	niemals
hâlan	sofort
mit'achchir	spät, verspätet
kul yôm	täglich
***uqub bâtshir**	übermorgen
nach morgen	
gabul iz-zuhur	vormittags

Beispiele: **arûḥ bâtshir li-baghdâd.**
ich-gehe morgen nach-Bagdad
Ich fahre morgen nach Bagdad.

aḥtshî *arabî kul yôm.
ich-spreche Arabisch jeder Tag
Ich spreche täglich Arabisch.

Uhrzeit

biêsh is-sâ*a? (oder auch: **is-sâ*a biêsh?**)
wieviel der-Stunde (der-Stunde wieviel)
Wie spät ist es?

Die Antwort auf diese Frage könnte folgendermaßen sein: „vor" heißt illâ (weniger), „nach" wu- (und), „Stunde" sâ*a. Zur Stundenangabe werden die Grundzahlen verwendet. Ausnahmen: „ein Uhr" heißt es is-sâ*a bil-wiḥda und „zwei Uhr". is–sâ*a biṯh-ṯhintên. Auch im Irak ist es üblich, die Stunden nur bis 12 zu zählen und dann wieder mit eins zu beginnen.

Beispiele:

is-sâ*a hassa biṯh-ṯhlâṯha.
der-Stunde jetzt um-der-drei
Es ist jetzt drei / 15 Uhr.

is-sâ*a bil-*ashra wu-nuṣṣ.
der-Stunde um-der-zehn und-Hälfte
Es ist halb elf (Uhr).

Sie können sâ*a auch weglassen:

bi<u>th</u>-<u>th</u>lâ<u>th</u>a
um-der-drei
drei (Uhr) / 15 Uhr

oder noch kürzer:

<u>th</u>lâ<u>th</u>a
drei
drei (Uhr)

sitta illâ chamsa
sechs weniger fünf
fünf vor sechs / 18 Uhr

Wollen Sie genau angeben, welches (z.B.) „acht Uhr" Sie meinen, dann fügen Sie entweder gabul i<u>z</u>-<u>z</u>uhur (vormittags) oder ba*ad i<u>z</u>-<u>z</u>uhur (nachmittags) hinzu.

Ergänzende Wörter:

sâ*a (sâ*ât, Mz)	Stunde; Uhr(zeit)
daqîqa (daqâyiq, Mz)	Minute
<u>th</u>âniya (<u>th</u>awânî, Mz)	Sekunde
rubu*	Viertel
<u>th</u>ili<u>th</u>	Drittel
bi<u>z</u>-<u>z</u>abit	genau
nu<u>ss</u>	halb
taqrîban	ungefähr

Wochentage

Nach dem jeweiligen Wochentag fragen Sie folgendermaßen:

shinû (i)l-yôm?
was der-Tag
Welcher Tag ist heute?

Anmerkung: Der Irak gehört zur islamischen Welt. Arbeitsfreier Tag ist deshalb der Freitag, an dem auch alle öffentlichen Einrichtungen geschlossen sind. Die Woche beginnt am Samstag (yôm is-sabit) *und endet am Freitag* (yôm idj-djum*a).

(yôm) ith-thinên	Montag
(yôm) ith-thilâthâ	Dienstag
(yôm) il-arba*â	Mittwoch
(yôm) il-chamîs	Donnerstag
(yôm) idj-djum*a	Freitag
(yom) is-sabit	Samstag
(yôm) il-ahad	Sonntag

yôm (Mehrzahl: ayyâm) kann auch weggelassen werden.

Monate

In den arabischen Ländern, ebenso im Irak, existieren zwei Zeitrechnungen: die islamische und die christliche. Der religiösen Orientierung entsprechend kommt entweder der einen oder der anderen die größere Bedeutung zu. Im Irak ist der islamische Kalender ausschließlich auf den religiösen Bereich (Moschee usw.) beschränkt, wohingegen der christliche im Alltag und im Verkehr mit dem

dem Ausland (abgesehen von wenigen konservativ-islamischen Staaten, wie Saudi-Arabien) verwendet wird.

Dem islamischen Kalender liegt das Mondjahr (Umlauf des Mondes um die Erde) mit 354 Tagen zugrunde. Sie verteilen sich auf 12 Monate und „durchwandern" den christlichen Kalender rückwärts. Damit beginnt auch der Fastenmonat Ramadan jedes Jahr 11 Tage früher.

Islamische Monatsnamen:

1.	**il-mu<u>h</u>arram**
2.	**<u>s</u>afar**
3.	**rabî* il-awwal**
4.	**rabî* i<u>th</u>-<u>th</u>ânî**
5.	**djumâda il-ûlâ**
6.	**djumâda il-achîra**
7.	**radjab**
8.	**sha*bân**
9.	**rama<u>z</u>ân** (Fastenmonat)
10.	**shawwâl**
11.	**thû il-qa*da**
12.	**thû il-<u>h</u>idja** (Pilgermonat)

Für den christlichen Kalender sind im ostarabischen Raum (Irak, Jordanien, Libanon, Syrien) folgende Namen üblich:

kânûn ith-thânî	Januar
tammûz	Juli
shibât	Februar
âb	August
âthâr	März
aylûl	September
nîsân	April
tashrîn il-awwal	Oktober
ayyâr	Mai
tashrîn ith-thânî	November
hizairân	Juni
kânûn il-awwal	Dezember

Das Datum sieht dann so aus:

(yôm) il-arba*â, arbata*âsh tammûz
Mittwoch, der 14. Juli

ergänzende Ausdrücke:

yôm (**ayyâm,** Mz)	Tag
isbû* (**asâbî*,** Mz)	Woche
shahar (**shuhûr,** Mz)	Monat
sana (**sinîn,** Mz)	Jahr
hais-sana	dieses Jahr
is-sana idj-djâya	nächstes Jahr
der-Jahr der-kommend(w)	
is-sana-il-mâzîya	voriges Jahr

Maße und Gewichte

grâm / -ât	Gramm
metir / amtâr	Meter
kîlû / -wât	Kilogramm
kîlûmetir / kîlûmetrât	Kilometer
litir / litrât	Liter

biêsh ithnên kîlû môz?
wieviel zwei Kilo Bananen
Wieviel kosten zwei Kilo Bananen?

malli chamsîn litir banzîn!
fülle ein(m) fünfzig Liter Benzin
Tanken Sie fünfzig Liter Benzin!

أكبر
الله

Im Irak bekennen sich etwa 95% der Bevölkerung zum Islam, davon mehr als die Hälfte zur schiitischen und die übrigen zur sunnitischen Richtung. Christen leben vor allem in Bagdad und in Mossul. Darüber hinaus gibt es Jesiden, Anhänger einer Mischreligion, die u.a. Elemente des Zoroastrismus enthält, sowie einige wenige Juden. Das sollten Sie wissen und gleichzeitig das Folgende beachten, wenn Sie im Irak reisen.

Freizügige Bekleidung, insbesondere bei Frauen, gilt als unschicklich. Lange Kleider, die die Oberarme und Knie bedecken, sind angebracht, vor allem bei Fahrten in den Süden des Landes. Denn dort lebt die schiitische Mehrheit. Shorts bei Männern sind ebenso unpassend, da sie als Unterwäsche gelten. Auch körperbetonende Kleidung sollten Sie vermeiden.

Beim **Fotografieren** ist es wichtig, behutsam vorgehen. „Schießen“ Sie nicht einfach darauf los, besonders, wenn es um Menschen geht. Fragen kostet nichts! Bettler und Betende sollten Sie möglichst nicht, Militäranlagen (dieser Begriff wird im Irak sehr weit gefaßt!) auf keinen Fall fotografieren. Denken Sie daran, daß Sie durchaus auf Unverständnis stoßen, wenn Sie alles und jeden unbedingt fotografieren wollen (vgl. Kapitel „Fotografieren“).

Moscheen

Viele Moscheen im Irak dürfen auch von Nichtmuslimen betreten werden. Das trifft ebenso auf Grabstätten (qubûr) muslimischer Heiliger (walî; imâm) und Friedhöfe (maqâbir) zu. Achten Sie aber auf eine dem Charakter dieses Ortes angemessene Kleidung. Frauen müssen ein Kopftuch tragen. Übrigens: Unterhaltungen mit Muslimen, in denen Sie Kritik am Islam üben wollen, sollten Sie vermeiden!

Ramadan

Im Ramadan, dem islamischen Fastenmonat, dürfen Muslime von Sonnenaufgang bis Sonnenuntergang keine Speisen und Getränke zu sich nehmen und nicht rauchen. Unterlassen Sie es ebenfalls in der Öffentlichkeit, falls Sie in dieser Zeit durch den Irak reisen.

Alkohol

Das Trinken von Alkohol, obwohl das Wort arabischen Ursprungs ist, ist Muslimen aus religiösen Gründen untersagt. Viele Iraker halten sich zwar nicht daran, dennoch gilt Trunkenheit als verwerflich. In Gaststätten, Restaurants und ähnlichen, der Öffentlichkeit zugänglichen Einrichtungen werden alkoholische Getränke seit einigen Jahren nicht mehr ausgeschenkt.

Zärtlichkeiten

Zärtlichkeiten in der Öffentlichkeit zwischen Mann und Frau sind unüblich. Mitunter sieht man junge (verheiratete!) Paare Hand in Hand gehen, vor allem in den Städten. Es ist lediglich eine Geste der Freundschaf, wenn Männer oder auch Frauen sich an der Hand halten.

Besuch

Wenn Sie zu Besuch eingeladen sind, sollten Sie dies auch tun. Einladungen werden normalerweise für abends ausgesprochen. Geschenke erwartet man nicht, es sei denn, Sie können mit einem kleinen Mitbringsel aus Deutschland aufwarten. Sie werden schnell merken, daß Iraker sehr gastfreundlich sind. Es wird viel gegessen und erzählt, wobei die gesamte Familie, einschließlich Kindern, teilnimmt. Auch Verwandte kommen gern zu solchen Zusammenkünften.

Als Frau allein

Als ausländische Frau allein durch den Irak zu reisen, ist weder unmöglich noch verboten, aber nicht üblich. Sollten Sie beispielsweise in Bagdad ein Taxi benutzen (müssen), setzen Sie sich grundsätzlich auf die hintere Sitzreihe. Zeigen Sie als Frau jederzeit Selbstbewußtsein und eine gewisse Distanz. Achten Sie aber vor allem auf angemessene Bekleidung. Echte „Plagegeister“ sind Kinder, die vor allem an touristischen Orten aufdringlich werden können. Wirklich bedrohliche Situationen, anders als bei uns, gibt es nicht.

Falls Sie doch einmal belästigt werden, können Ihnen diese Wendungen helfen.

shitrîd minî?
was-du-willst von-mir
Was willst du / wollen Sie von mir?

***êb !**
Schande
Schäme dich!

zu Kindern **rûh, yâ walad! / rûhî, yâ bint!**
geh, oh Junge / geh, oh Mädchen
Hau ab, Junge / Mädchen!

Gesten und Handzeichen Gesten und Handzeichen werden im Irak häufiger und mit mehr Nachdruck als bei uns gebraucht. Sie weichen von den deutschen zum Teil stark ab. Nur ein Beispiel: Tippt man mit dem Zeigefinger an die Stirn und zeigt dabei auf Sie, dann müssen Sie nicht empört sein. Denn das heißt, daß Sie viel Verstand besitzen!

Die folgenden Zeichnungen sollen Ihnen die häufigsten Handzeichen klarmachen:

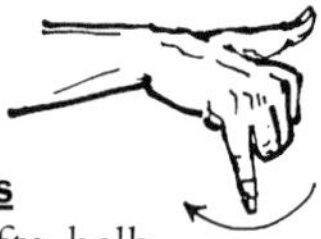

nuss
Hälfte, halb

sadâqa
Freundschaft

ta*âl (m) / **ta*âlî** (w)
Komm!

yawâsh!
Langsam!

shinû?
Was?

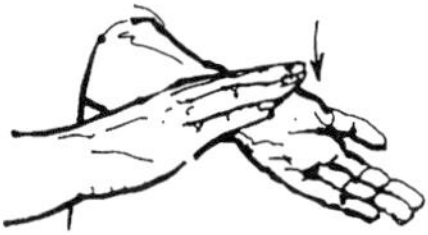

djawâz
Paß / Bescheinigung

Begrüßen / Verabschieden

Die Begrüßung im Irak ist herzlich und überschwenglich. Dafür gibt es viele Grußformeln, die entsprechend dem Anlaß und der Person verwendet und oft mehrfach wiederholt werden. Häufig wird Gott (al<u>l</u>âh) in den Gruß einbezogen. All dies gehört zu einem ausgeprägten Begrüßungsritual, das in der Achtung und dem Respekt gegenüber dem anderen begründet ist. Höflichkeit und Freundlichkeit sind für einen Iraker oberstes Gebot, selbst wenn er es eilig hat oder ihn Sorgen drücken. Niemals wird er/sie in einer Angelegenheit gleich „mit der Tür ins Haus fallen". Darauf sollten auch Sie achten, wenn Sie mit Einheimischen ins Gespräch kommen.

Im richtigen Moment den richtigen Gruß zu wissen, ist für Sie wichtiger als ihn sofort exakt grammatikalisch zu formulieren. Werden Sie begrüßt, kennen aber nicht die erforderliche Erwiderung, kann durchaus schon das Wort shukran! (danke!) genügen. So gelten Sie nicht als unhöflich.

Die folgende Grußform läßt sich in jeder Situation verwenden:

	Antwort:
salâmu *alêkum!	**wu-*alêkum is-salâm!**
Friede auf-euch	*und-auf-euch der-Friede*
Guten Tag!	Guten Tag!

Übrigens: Diese Grußformeln sind Teil der traditionellen islamischen Verhaltensnormen und zu jeder Tageszeit zu hören. Man legt dabei die rechte Hand auf die Brust und will somit die Verbundenheit mit dem/der Gegrüßten zum Ausdruck bringen.

Betreten Sie ein Haus, eine Wohnung oder auch einen Laden, werden Sie begrüßt mit (oft mehrmals hintereinander):

ahlan wu-sahlan!
Familie und-Ebene
Herzlich willkommen!

Antwort:
ahlan bik / bikum!
Familie mit-dir (m)/mit-euch
Willkommen!

Ansonsten können Sie fast bis zur Mittagszeit auch mit „Guten Morgen!“ und ab etwa 17 Uhr mit „Guten Abend!“ grüßen.

sabâh il-chêr!
Morgen der-Güte
Guten Morgen!

Antwort:
sabâh in-nûr!
Morgen der-Licht
Guten Morgen!

masâ' il-chêr!
Abend der-Güte
Guten Abend!

Antwort:
masâ' in-nûr!
Abend der- Licht
Guten Abend!

Bei Ankunft eines Gastes nach einer längeren
Reise sagt man zu ihm:

<u>h</u>amdu lil-lâh *ala s-salâma!
Lob für-der-Gott auf der-Unversehrtheit
Gott sei Dank für die Unversehrtheit!

Bei der Begrüßung umarmen sich Verwandte, Bekannte oder Freunde gleichen Geschlechts, verbunden mit einem angedeuteten Kuß auf die rechte und linke Wange und schütteln sich die Hände.

Kennt man sich weniger gut, wird nur die rechte Hand gereicht. Die linke gilt nach religiösem Verständnis als unrein.

shlônak?
was-Farbe-dein(m)
Wie geht es dir/Ihnen?

shlônitsh?
was-Farbe-dein(w)
Wie geht es dir/Ihnen?

shlôn <u>s</u>a<u>hh</u>(a)tak?
was Gesundheit-dein(m)
Was macht Ihre Gesundheit?

shlôn ah(i)lak?
was Familie-dein(m)
Wie geht es Ihrer Familie?

Die Antwort darauf lautet meist:
zên, <u>h</u>amdu lil-lâh!
gut, Lob für-der-Gott
Gut, Gott sei Dank!

Fester Bestandteil einer jeden Begrüßung ist die Frage nach dem Befinden (<u>h</u>âl), der Gesundheit (<u>s</u>a<u>hh</u>a), der Familie (ahil) und eventuellen Neuigkeiten (achbâr).

tis*a wu-<u>th</u>mânîn

Geht es jemandem nicht besonders gut, sagt er nur (il-)h̲amdu lil-lâh! Die Höflichkeit verbietet es, sofort das eigene schlechte Befinden zu erwähnen.

Auch für die Verabschiedung kennen die Iraker zahlreiche Grußformen.

Wer geht oder bleibt, sagt:

fî mânil-lâh! (zu jeder Zeit)
in Sicherheit-der-Gott
Auf Wiedersehen!

tis̲bah̲ *ala chêr!
du-eintrittst auf Güte
Gute Nacht!

Als besonders höflich gilt es, wenn man auf tis̲bah̲ *ala chêr! folgendermaßen antwortet:

wu-inta min ahil il-chêr!
und-du (m) von Familie der-Güte
Gute Nacht!

Dem Fortgehenden wird mitunter auch erwidert:

ma*a s-salâma!
mit der-Unversehrtheit
Auf Wiedersehen!

Irakische Namen

Das System der irakischen Namen, wie auch das in den anderen arabischen Ländern, unterscheidet sich völlig von dem bei uns gebräuchlichen. Jeder Name besteht aus einem Vornamen (isim) und normalerweise zwei Nachnamen, bei denen es sich um den Vornamen des Vaters (isim il-ab) und des Großvaters (isim il-djidd) handelt. Ein Familienname in unserem Sinne existiert nicht. Bei einer Heirat behält die Frau ihre Namen.

Viele Namen haben einen religiösen Bezug und beginnen nicht selten mit *abd (Diener).

*Abd Allâh	***Abd il-La<u>t</u>if**
Diener Allah	*Diener der-Gütige*
Abdallah	Abdellatif

*Abd ir-Ra<u>h</u>mân
Diener der-Barmherzige
Abderrahman

Die gebräuchlichsten Männernamen leiten sich von den drei Mitlauten **h-m-d** ab, deren Grundbedeutung „Allah loben, preisen" ist: a<u>h</u>mad, <u>h</u>amîd, ma<u>h</u>mûd, mu<u>h</u>ammad. Auch der Prophet hatte einen Namen mit diesen Mitlauten: Mohammed (= mu<u>h</u>ammad).

Frauennamen sind ebenso häufig mit dem Islam verbunden, z.B. fâ<u>t</u>ima. So hieß eine der Töchter des Propheten.

Viele Namen drücken Wünsche der Eltern für das Kind aus:
djamîla *(Schöne),*
hudâ *(Geschenk),*
ra<u>z</u>wân *(Zufriedenheit)*
oder
lê<u>th</u> *(Löwe).*

Anrede

Auch die Art und Weise der Anrede ist anders als bei uns. Diese richtig zu verwenden, gehört zur Höflichkeit. Der irakische Dialekt kennt, wie das Arabische allgemein, keine „Sie"-Form des Verbs. Selbst Fremde sprechen sich deshalb immer mit „du" an. Denken Sie deshalb daran, daß in der Wort-für-Wort-Übersetzung immer die „Du"-Form steht.

Wird eine Person angesprochen, beginnt man oft mit dem Wörtchen yâ ...! Das sieht dann so aus:

yâ razwân!
oh Radwan
Radwan!

yâ samîra!
oh Samira
Samira!

Im Irak ist es üblich, die Eltern mit dem Namen des ältesten Kindes anzureden, z.B.:

yâ, abû nûr!
oh, Vater der-Nur (= Jungenname)
Abu Nur! („Vater von Nur")

hinâk umm lêla.
dort Mutter der-Laila (= Mädchenname)
Dort ist Umm Layla. („Mutter von Laila")

Kennt man den Namen nicht oder auch in einer Unterhaltung, heißt es:

yâ *ênî! (oh mein Auge!)

Diese Anrede ist herzlich gemeint und typisch für Irak!

yâ achî!
oh Bruder-mein
mein Bruder!

yâ uchtî!
oh Schwester-mein
meine Schwester!

Diese Anrede weist selten auf verwandtschaftliche Beziehungen hin, sondern ist religiösen Ursprungs, indem sie die Gleichheit aller Moslems vor Gott (allâh) zum Ausdruck bringen will.

Da die Pilgerfahrt nach Mekka zu den Pflichten eines Moslems gehört, spricht man ältere Menschen gern so an:

yâ hâdjdj!
oh Mekkapilgerer
Ehrwürdiger alter Mann!

yâ hâdjdja!
oh Mekkapilgerin
Ehrwürdige alte Frau!

Zu Kindern sagt man, mitunter auch dann, wenn man sie zurechtweisen will:

yâ walad!
oh Junge
Junge!

yâ bint!
oh Mädchen
Mädchen!

Weitere Anredeformen:

für Ausländer **yâ mister!**
oh Mister
mein Herr!

für Ausländerinnen **yâ madâm!**
oh Madame
meine Dame!

für einen gebildeten Mann **yâ ustâth!**
oh Professor
Herr Professor!

für junge Leute **yâ shabâb!**
oh Jugend
Jungs!

Bitten, Danken, Wünschen

Das auffordernde „bitte!“ im Sinne von „Bitte, tun Sie ...!“ heißt min fazlak (m) / fazlitsh (w). Es kann am Anfang oder auch am Ende des Satzes stehen.

min fazlak djîb tshâi!
von Güte-dein (m), bringe Tee
Bitte bringen Sie einen Tee!

gul-lî min fazlak ...!
sage (m)-für-mich von Güte-dein
Sagen Sie mir bitte, ...!

Noch höflicher ist es, wenn Sie jemanden mit lau samaht (m) / lau samahtî (w) um etwas bitten.

il-hisâb lau samaht!
der-Rechnung, wenn gestattet-hast-du (m)
Die Rechnung, bitte!

Für „bitte! als Gewährung („Bitte, nehmen Sie ...!) sagt man:

tafazzal / tafazzalî / tafazzalû
habe die Güte (m/w) / habt die Güte(Mz)
Bitte!

tafazzal il-hisâb!
habe die Güte (m) der-Rechnung
(Hier) bitte, die Rechnung!

tafazzalû uq*udû!
habt die Güte (Mz) setzt-euch (Mz)
Bitte, setzen Sie sich!

Wenn Sie jemanden bitten wollen, Ihnen einen Gefallen zu tun oder eine Auskunft zu erteilen, zum Beispiel den Weg zu erklären oder ähnliches, dann sagen Sie:

lau samaht / samahtî / samahtû ...!
wenn gestattet-hast-du (m/w) / ... habt ihr (Mz)
Bitte ...!

lau samaht, wên is-sûg?
wenn gestattet-hast-du (m) wo der-Markt
Bitte, wo ist der Basar?

Die Antwort „danke!“ heißt shukran! oder noch höflicher:

shukran djazîlan!
Dank vielen
Vielen Dank!

ashkurak hawâya!
ich-danke-dir (m) viel
Ich danke dir / Ihnen vielmals!

Auf shukran! usw. wird oftmals auch mamnûn! (m) / mamnûna (w) / mamnûnîn! (m, Mz) „Gern geschehen!“ erwidert.

Das erste Gespräch

Bei einer Begegnung mit Irakern und der sich anschließenden Unterhaltung werden natürlich bestimmte Fragen gestellt, sei es aus Höflichkeit oder eben aus Neugierde. Das folgende Muster soll Ihnen helfen, von Anfang an „mitzureden“.

marhaba!
willkommen
Hallo!

ahlan bik, shlônak / slônitsh?
Familie mit-dir (m), was-Farbe-dein (m) / (w)
Hallo! Wie geht es Ihnen?

zên, hamdu lil-lâh, wu-inta / inti?
gut, Lob für-der-Gott und-du (m/w)
Gut, Gott sei Dank! Und Ihnen?

âni hamm zên. tafazzal uq*ud / tafazzalî uq*udî!
ich auch gut, habe die Güte (m/w), setze dich (m/w)
Mir geht es auch gut. Bitte nehmen Sie Platz!

shukran!
Dank
Danke!

allâh bil-chêr! *ist eine Höflichkeitsfloskel, die zu jedem gesagt wird, der sich (gerade) hingesetzt hat.*

allâh bil-chêr! tishrab / tishrabî tshâi?
der-Gott mit-der-Güte. du-trinkst (m/w) Tee
Gott sei Ihnen gütig! Trinken Sie einen Tee?

balî, tshâi wîya shakar, lau samaht.
ja, Tee mit Zucker, wenn gestattet-hast-du (m)
Ja, Tee mit Zucker, bitte.

minên inta / inti?
von-wo du (m/w)
Woher sind Sie?

âni min almâniya.
ich von Deutschland
Ich bin aus Deutschland.

âni almânî / almânîya.
ich Deutscher / Deutsche
Ich bin Deutscher / Deutsche.

Deutschland	**almâniya**
Deutsche(r), deutsch	**almânî / almânîya / almân** (m/w/Mz)
Österreich	**an-nimsa**
Österreicher(in), österreichisch	**nimsâwî / nimsâwîya / nimsâwîyîn** (m/w/m, Mz)
Schweiz	**swisra**
Schweizer(in), schweizerisch	**swisrî / swisrîya / swisrîyîn** (m/w/m, Mz)

inta sâyih? / inti sâyiha?
du (m) Tourist / du (w) Touristin
Sind Sie Tourist(in)?

na*am, âni sâyih / sâyiha.
Ja, ich Tourist / Touristin
Ja, ich bin Tourist(in).

shismak? / shismitsh?
was-Name-dein (m/w)
Wie heißen Sie?

ismî ...
Name-mein ...
Ich heiße ...

shinû shughlak? / shughlitsh?
was Arbeit-dein (m/w)
Was arbeiten Sie?

âni ...
ich ...
Ich bin ...

muwazzaf / -a (m/w)	Angestellte(r), Beamte(r)
***âmil / -a** (m/w)	Arbeiter(in
diktôr / -a (m/w)	Arzt / Ärztin
fallâh / -a (m/w)	Bauer / Bäuerin) →

chabîr / -a (m/w)	Experte (in), Spezialist(in)
muhandis / -a (m/w)	Ingenieur(in)
suhufî / -ya (m/w)	Journalist(in)
mudarris, mu*allim / -a (m/w)	Lehrer(in)
mutaqâ*id / -a (m/w)	Rentner(in)
tâlib / -a (m/w)	Student(in)

shgad *umrak / *umrish?
wieviel Alter-dein (m/w)
Wie alt sind Sie?

***umrî arba*în sana.**
Alter-mein vierzig Jahr
Ich bin vierzig Jahre alt.

tafazzal, chuth / tafazzalî chuthî djigâra!
habe die Güte (m/w), nimm (m/w) Zigarette
Bitte, nehmen Sie eine Zigarette!

shukran, mâ adachchin.
Dank, nicht ich-rauche
Danke, ich rauche nicht.

tshâi thânî?
Tee zweiter
Noch einen Tee?

lâ, shukran, bil-marra ith-thâniya.
nein, Dank, in-der-Mal der-zweite
Nein, danke, ein anderes Mal.

in shâ allâh ....fî mânil-lâh!
o wollte-er der-Gott ....in Sicherheit-der-Gott
So Gott will ... Auf Wiedersehen!

Bei einem solchen ersten Gespräch wird man Sie sicherlich auch nach Ihrer Familie und Ihren Eindrücken im Irak fragen. Das ist üblich und gehört zur Höflichkeit der Iraker, die mit einer gewissen Neugierde verbunden ist. Sie sollten sich deshalb die folgenden Ausdrücke merken, sie werden sie sicherlich öfter hören:

inta mitzawwidj / inti mitzawwidja?
du verheiratet (m/w)
Sind Sie verheiratet?

balî, âni mitzawwidj / mitzawwidja.
ja, ich verheiratet (m/w)
Ja, ich bin verheiratet.

lâ, âni mû mitzawwidj / mitzawwidja
nein, ich nicht verheiratet (m/w)
Nein, ich bin nicht verheiratet.

***indak / *inditsh wulid?**
bei-dir (m/w) Kinder
Haben Sie Kinder?

balî, *indî walad wu-bint.
ja, bei-mir Junge und-Mädchen
Ja, ich habe einen Sohn und eine Tochter.

Wo ist Ihre Familie? **wên ahlak / ahlitsh?**
wo Familie-dein (m/w)

Meine Familie ist in Deutschland. **ahlî bi-almâniya.**
Familie-mein in-Deutschland

Wo ist Ihre Frau / Ihr Mann? **wên zôdjtak? / zôdjitsh?**
wo Ehefrau-dein / Ehemann-dein

Sie / Er ist im Hotel. **hiyya / huwwa bil-utêl.**
sie / er in-der-Hotel

Wie gefällt es Ihnen im Irak? **shlôn il-*irâq?**
wie der-Irak

Es ist schön im Irak. **il-*irâq zên.**
der-Irak gut

Die Menschen sind sehr nett. **in-nâs ṯayyibîn kullish.**
der-Menschen gute (Mz) sehr

Floskeln / Redewendungen

Ausrufe: Bewunderung und Erstaunen

Diese Ausrufe sind zwar religiöser Herkunft, inzwischen aber zu festen Redewendungen geworden.

allâhu akbar!
Gott ist allmächtig! *der-Gott größter*

yâ allâh!
Du lieber Gott! *oh der-Gott*

mâ shâ allâh!
Nein so etwas! *was wollte-er der-Gott*

a*ûthu bil-lâh!
Um Gottes willen! *ich-suche-Schutz bei-der-Gott*

Der nachfolgende Ausruf gehört zu den am häufigsten verwendeten. Er wird beispielsweise bei Antritt einer Reise und vor dem Essen, vor allem aber bei allen religiösen Handlungen.

Im Namen Gottes, des Allmächtigen und Barmherzigen! **bismil-lâh ir-rahmân ir-rahîm!**
im-Name der-Gott der-Allmächtige der-Barmherzige

Mitunter hört man nur eine Kurzform:

Im Namen Gottes **bismil-lâh!**
im-Name der-Gott

Sich entschuldigen

Entschuldigen Sie! **il-*afwu!**
die-Entschuldigung

Es tut mir leid! **âni mit'assif / mit'assifa!**
ich bedauernd (m/w)

Anwort:
Halb so schlimm! **mâ yichâlif!**
nicht er-steht im Widerspruch

Zustimmen / Ablehnen

Ja! **balî! / na*am! / 'îh!**
Nein! **lâ!**

Zur Bekräftigung können balî und auch lâ wiederholt werden: balî, balî! (Ja doch!) bzw. lâ, lâ! oder nur lâ'! (Auf keinen Fall!).

Ich bin (nicht) einverstanden. **âni (mû) muwâfiq / muwâfiqa.**
ich (nicht) einverstanden (m/w)

Ja, Sie haben recht. **na*am, *indak / *inditsh <u>h</u>aqq.**
ja, bei-dir (m/w) Recht

Alles in Ordnung! **kull shî mâshi!**
alle Sache gehend

Wir verstehen uns (nicht)! **(mû) mitfâhimîn!**
(nicht) wir-verstehende-einander

Ich will / möchte (nicht). **(mâ) arid.**
(nicht) ich-will

Das ist (nicht) möglich! **(mû) mumkin!**
(nicht) möglich

Völlig unmöglich! **mustahîl!**
unmöglich

Insbesondere bei Zustimmungen werden Sie oft in shâ allâh! (So Gott will!) hören. Nach islamischem Verständnis liegt das Schicksal des Menschen allein in Gottes Hand. Nur er entscheidet, ob etwas geschieht oder nicht. Diese Floskel wird deshalb meist als „vielleicht" verstanden. Sie kann aber genauso „hoffentlich" oder „warum nicht?!" bedeuten.

Überrascht sein

Das ist aber merkwürdig! ***adjîb!**
merkwürdig

Ich bin überrascht! **âni mit*adjdjib / mit*adjdjiba!**
ich überraschend (m/w)

Das ist doch nicht möglich! **mû ma*qûl!**
nicht begreiflich

Unterwegs

... zu Fuß

Bleiben Sieruhig auch mal stehen, wenn Sie etwas Interessantes sehen und beobachten wollen. Aber denken Sie daran, niemals zu neugierig oder gar aufdringlich zu sein!

Wer Bagdad, Mossul oder irgendeine andere Stadt des Landes zu Fuß erkundet, wird die Menschen viel besser kennenlernen. Die schmalen Gassen der alten Basarviertel (sûq) erlauben ohnehin kein Durchkommen mit dem Auto. Auch im Irak, wie überall im Orient, spielt sich das tägliche Leben zu einem großen Teil außerhalb des Hauses ab.

lau samah̲t, wên is-sûg?
wenn gestattet-hast-du (m), wo der-Markt
Entschuldigen Sie (bitte), wo ist der Basar?

rûh̲ / imshî gubal̲ wu-ba*dên *al yasâr.
gehe (m/w) geradeaus und-dann nach links
Gehen Sie geradeaus und dann nach links.

il-math̲af il-wat̲anî ba*îd?
der-Museum der-national weit
Ist das Nationalmuseum weit?

lâ, mû ba*îd. trûh̲ / trûh̲în gubal̲ wu-ba*dên *al yamîn.
nein, nicht weit. du-gehst (m/w) geradeaus und-dann nach rechts
Nein, es ist nicht weit. Sie gehen geradeaus und dann nach rechts.

gubal	geradeaus; vorn
(*al) yamîn	nach rechts
(*al) yasâr	nach links
wara	hinten, dahinter
li-wara	zurück
shimâl	Norden
shimâlî	nördlich
sharq	Osten
djinûb	Süden
gharb	Westen

... mit dem Taxi

Taxis gibt es überall (gelbe Nummernschilder, Farbe rot-weiß). In den Städten sind es meist ältere Modelle, aber sie fahren. Taxis, die ihre Fahrgäste zwischen größeren Städten transportieren, befinden sich in gutem Zustand. Den Preis sollten Sie vor Beginn der Fahrt aushandeln. Wenn Sie nicht gerade ein bekanntes Ziel ansteuern, wie beispielsweise in Bagdad das Rashid-Hotel oder die Saadoun-Straße, kann es passieren, daß sich der Fahrer nicht auskennt. Nennen Sie ihm dann den Stadtteil (isim il-hayy), ein in der Nähe wichtiges Gebäude usw.

mahattat il-qitârat
Bahnhof
Haltestelle der-Züge

sâyiq	Fahrer
matâr	Flughafen
sâha	Platz
shâri*	Straße
taksi	Taxi

min fazlak, wassilnî li-utêl ir-rashîd.
von Güte-dein (m), bringe-mich zu-Hotel Rashid
Bringen Sie mich bitte zum Rashid-Hotel.

biêsh lil-utêl?
wieviel zu der-Hotel
Wieviel kostet es bis zum Hotel?

âni musta*djil / musta*djila, rûh bi-sur*a!
ich eilend (m/w), gehe mit-Schnelle
Ich bin in Eile, fahren Sie (bitte) schnell!

waggaf hinâya, shukran!
halte hier, Dank
Halten Sie (bitte) hier, danke!

... mit dem Bus

Insbesondere innerhalb Bagdads, aber auch in anderen Städten, verkehren öffentliche Busse, mit denen Sie preiswert an Ihr Ziel kommen. Buslinien existieren ebenso zwischen den großen Städten. Fahrpläne nach unserem Verständnis gibt es nicht. Wenn Sie eine Bustour beabsichtigen (wohin auch immer), sollten Sie sich rechtzeitig nach den Abfahrzeiten erkundigen.

nizal, yinzil	aussteigen
bâs / bâsât	Bus
mahattat il-bâs	Bushaltestelle
Haltestelle der-Bus	
rikab, yirkab	einsteigen
bitâqa / bitâqât	Fahrkarte
djunat	Gepäck
djunta / djunat	Koffer; Tasche
maq*ad / maqâ*id	Sitzplatz

Wo ist die Bushaltestelle?	**wên mahattat il-bâs?** *wo Haltestelle der-Bus*
Fährt dieser Bus nach ...?	**il-bâs yirûh li ...** *der-Bus er-fährt zu ...*
Wann fährt der Bus?	**shwakit yimshî il-bâs?** *was-Zeit er-geht der-Bus*
Er fährt um 15.30 Uhr	**yimshî thlâtha wu-nuss.** *er-geht drei und-halb*
Wieviel kostet eine Person nach ...?	**biêsh il-bitâqa li-shachus wâhid li- ...?** *wieviel der-Karte für-Person eine nach ...*

... mit dem Auto

Wer im Irak mit dem Auto unterwegs ist, muß sich, wie auch in anderen arabischen Ländern, auf „orientalische Verhältnisse" einstellen. Eine Straßenverkehrsordnung in unserem Sinne existiert nicht. Jeder steuert sein Fahrzeug so, daß er „irgendwie" das Ziel erreicht. Es wird viel gehupt und mitunter gedrängelt, dennoch fährt man rücksichtsvoll. In Bagdad sitzen auch Frauen am Steuer. Da Benzin billig ist, nimmt der Autoverkehr ständig zu.
Per Anhalter zu fahren ist durchaus möglich, allerdings sollte man sich als ausländische Frau nicht alleine an die Straße stellen.

machradj	Ausfahrt / -gang
s̲alans̲a	Auspuff
sayyâra / -ât	Auto
mikanikî	Automechaniker
banzîn (*âdî)	Benzin (normal)
stab /-ât	Bremse
djisir / djisûr	Brücke
gâs	Diesel
madchal	Einfahrt / -gang
gêr	Gang (Auto)
munabbih	Hupe
radêter	Kühler
kletsh	Kupplung
yawâsh	langsam
filtir il-hawa	Luftfilter
matôr	Motor
tabdîl zêt	Ölwechsel
shurt̲a	Polizei
sait̲ara	Polizeikontrolle
wîl / -ât	Rad
tair / -ât	Reifen
glôb il-wara /-ât	Rücklicht
bi-sur*a	schnell
skûlsbana	Schraubenschlüssel
darnafîs / -ât	Schraubenzieher
tânk	Tank (Benzin-)
banzîn mumtâz	Superbenzin
banzînchâne	Tankstelle
hâdit̲h̲ il-murûr	Unfall
trafig lait	Verkehrsampel
tâmîn	Versicherung →

malyân - fârugh	voll – leer
glôb il-giddâm	Vorderlicht
garâdj	Werkstatt
sham*a / shumû*	Zündkerze

Wo ist eine Tankstelle?	**wên banzînchâne?** *wo Tankstelle*
Machen Sie den Tank voll!	**malli it-tânk!** *fülle der-Tank*
Mein Auto ist defekt.	**is-sayyâra maltî chirbâna / *âtla** *der-Auto Besitz-mein kaputt*
Ich habe eine Reifenpanne.	***indî bantshar.** *bei-mir Platten*
Die Bremse funktioniert nicht (gut).	**is-stab mâ yishtighil (zên).** *der-Bremse nicht arbeitet (gut)*
Mit dem Motor stimmt etwas nicht.	**il-matôr chirbân shwayya.** *der-Motor kaputt ein wenig*
Können Sie das Auto schnell reparieren?	**mumkin tisallih is-sayyâra bi-sur*a?** *möglich du-reparierst der-Auto in-Schnelle*
Ist das der Weg nach ...?	**hal-it-tarîq li- ...?** *dieser-der-Weg nach ...*
Ist der Weg (etwas) schwer befahrbar?	**it-tarîq sa*b (shwayya)?** *der-Weg schwer (ein wenig)*

Übernachten

Hotels, die hinsichtlich Komfort und Service europäischem Standard entsprechen, gibt es nur in Bagdad und einigen anderen großen Städten. Ansonsten müssen Sie sich mit einfachen Unterkünften begnügen, auch wenn sie Hotel (utêl) genannt werden. Campen ist nicht üblich.

ghurfa fâziya ma*a frâsh wâhid / frâshên akû?
Zimmer frei(w) mit Bett eins / Betten-zwei es-gibt
Haben Sie ein Einzelzimmer / Doppelzimmer frei?

...li-yôm wâhid / li-lêla wâhida / li-yômên / li-thlâth ayâm / li-usbû*
...für-Tag eins / für-Nacht eins (w) / für-Tage-zwei / für-drei Tage / für-Woche
...für einen Tag / eine Nacht / zwei Tage / drei Tage / eine Woche

...ma*a futûr / ma*a ghada / ma*a *asha
...mit Frühstück / mit Mittagessen / mit Abendessen
...mit Frühstück / Mittagessen / Abendessen

il-ghurfa biêsh?
der-Zimmer wieviel
Wieviel kostet das Zimmer?

Übernachten

Kann ich das Zimmer sehen? **mumkin ashûf il-ghurfa?** *möglich ich-sehe der-Zimmer*

In Ordnung, ich nehme das Zimmer **zên, âhuth il-ghurfa.** *gut, ich-nehme der-Zimmer*

minfaz̲a / manâfiz̲	Aschenbecher
h̲ammâm / -ât	Bad
mah̲djûz	besetzt (Zimmer)
frâsh / frûsh	Bett
glôb / glôbât	(Glüh-)Birne
bat̲t̲âniya	Decke
dûsh	Dusche
t̲âbiq	Etage, Stockwerk
fâz̲î	frei (Zimmer)
châulî / chawâlî	Handtuch
utêl	Hotel
bârid	kalt
sham*a / shumû*	Kerze
machadda / -ât	Kopfkissen
mat̲bach	Küche
tshartshaf / tsharâtshif	(Bett-)Laken
lamba /-ât	Lampe
mat*am	Restaurant
miftâh̲ / mafâtîh̲	Schlüssel
s̲âbûn	Seife
kahraba	Strom (elektr.)
kursî / karâsî	Stuhl
mêz / myûz	Tisch
warag tualit	Toilettenpapier

Essen und Trinken

Ob Sie nun in Bagdad oder irgendwo im Lande unterwegs sind, kleine Restaurants (maṯ*am, maṯâ*im) gibt es überall. In kürzester Zeit wird das Essen, stets sehr schmackhaft, serviert. Wichtig: Trinken Sie kein Leitungswasser, das in Kannen auf dem Tisch steht, sondern nur Mineralwasser in Plastikflaschen (mai bil-buṯul). Zum Schluß sollten Sie auf jeden Fall ein Glas Tee (stikân tshâi) probieren, das meist dem Teeservierer extra zu entrichten ist. Das Essen wird an der Kasse bezahlt.

Frühstück

Wer im Irak einer Tätigkeit nachgeht, frühstückt oft außer Haus: Frauen mitunter am Arbeitsplatz und Männer in einem der kleinen Restaurants. Gewöhnlich wird nur eine Kleinigkeit (warm!) gegessen. Zum Abschluß darf natürlich der Tee nicht fehlen.

Wollen Sie auf ein europäisches Frühstück nicht verzichten, müssen Sie sich in eines der großen Hotels begeben.

chubuz	Brot(fladen)
sammûn	Brötchen
zubud	Butter
bêz̲	Eier
bêz̲ maslûq	gekochte Eier
***asal**	Honig
gahwa	Kaffee
djibin	Käse
murabba	Marmelade
omlet	Omelett
bêz̲ maqlî	Spiegeleier
tshâi	Tee
shakar	Zucker

Irakische Spezialitäten

kubba ma<u>s</u>lawîya	Fleischgericht
qûzî *ala timman	Lamm mit Reis
fâ<u>s</u>ûliya yâbisa	Bohnensuppe
ga<u>s</u>	Reis mit Fleisch
tikka	Schaschlik
kebâb	Kebab
mi*tâg	Leber am Spieß
do<u>l</u>ma	Dolma
masgûf	gegrillter Flußfisch
tishrîb	Suppe mit Brot und Hühnerfleisch
margat bâmiya	Okraschotensuppe
<u>t</u>urshî	eingelegte Gurken
margat <u>t</u>urshâna	Trockenobstsuppe
mu<u>h</u>allabî	Pudding
liban	Joghurt (Getränk)

Weitere Speisen und Zutaten

bathindjân	Aubergine
fûl	Bohnen
dadjâdj	Brathähnchen
shorba	Brühe
simitsh	Fisch
lahm	Fleisch
chudra	Gemüse
chiyâr	Gurken
lahm *idjil *Fleisch Rind*	Kalbfleisch
putêta	Kartoffeln
thûm	Knoblauch
lahm qûzî *Fleisch Lamm*	Lammfleisch
bâmiya	Okraschoten
zetûn	Oliven
timman	Reis
salata	Salat
sbagetti	Spagetti
tamâtis	Tomaten
busal	Zwiebeln

Getränke

Im Irak wird vorwiegend (schwarzer) Tee (tshâi) getrunken, entweder nach den Mahlzeiten oder zwischendurch in den zahlreichen Teestuben (siehe dazu auch das Kapitel „Tee zu jeder Gelegenheit“).

tishrab / tishrabî tshâi?
du-trinkst (m/w) Tee
Trinken Sie Tee?

ma*a shakar / bidûn shakar
mit Zucker / ohne Zucker
mit Zucker / ohne Zucker

In den Hotels wird auch löslicher Kaffee (gahwa / koffi) angeboten.

***araq**	Arak (Dattelschnaps)
bîra	Bier
sharâb	Wein
h̲alîb	Milch
pepsi	(Pepsi)Cola
***as̲îr**	Saft
mai	Wasser

Obst

ananas	Ananas
tuffâh	Äpfel
môz	Bananen
tamur	Datteln
rummân	Granatäpfel
nûmî basra	Limonen
***amba**	Mango
burtuqâl	Orangen
mishmish	Pfirsiche
***anab**	(Wein)Trauben
raqqi	Wassermelonen
lêmûn	Zitronen
battîch	Zuckermelonen

Im Restaurant

In den Städten, besonders in Bagdad, gehen Familien auch in den zahlreichen Restaurants (mat*am) essen, manchmal zu Mittag, meist jedoch abends. Wie in vielen anderen arabischen Ländern trifft man aber auch im Irak in den Restaurants und Teestuben (tshâichâne) vor allem Männer. Jugendliche bevorzugen Snackbars mit preiswerten Schnellgerichten.

In vielen Restaurants gibt es meist keine Speisekarten. Man ruft den Oberkellner yâ djarsôn, fragt, was vorhanden ist und bestellt. Innerhalb weniger Minuten steht das Essen auf dem Tisch. Trinkgeld (baqshîsh) ist üblich und wird dem Oberkellner überreicht, der es verteilt. Die Bezahlung des Essens erfolgt an der Kasse.

shitrîd tâkul / tishrab?
was-du-willst (m) du-ißt / du-trinkst
Was möchten Sie essen / trinken?

akû ...?
es-gibt ...
Haben Sie ...?

djîb butul mai, min fazlak!
bringe Flasche Wasser, von Güte-dein (m)
Bringen Sie bitte eine Flasche Wasser!

arîd timman ma*a lahm qûzî wa-chudra.
ich-möchte Reis mit Fleisch Lamm und-Gemüse
Ich möchte Reis mit Lammfleisch u. Gemüse.

djîb ithnên tshâi, wâhid qalîl (bidûn) shakar.
bringe zwei Tee, eins wenig (ohne) Zucker
Bringen Sie zwei Tee, einen mit wenig (ohne) Zucker.

il-akil zên / mumtâz.
der-Essen gut / ausgezeichnet
Das Essen schmeckt gut / ausgezeichnet.

il-akil bârid / ḫârr / mâliḫ
der-Essen kalt / scharf / salzig
Das Essen ist lauwarm / scharf / salzig.

Iraker antworten auf die Frage, ob es ihnen geschmeckt hat, meist mit il-ḫamdu lil-lâh! (Lob sei Gott!).

Auch im Restaurant eines Hotels wird grundsätzlich an der Kasse bezahlt. Trinkgeld geben Sie dem Kellner, der Sie bedient hat.

Wenn Sie an der Kasse bezahlen wollen, fragen Sie:

biêsh il-akil?
wieviel der-Essen
Wieviel kostet das Essen?

Weitere nützliche Wörter:

wassa, yiwassi	bestellen
difa*, yidfa*	bezahlen
maḫdjûz	besetzt (Sitzplatz)
âni *atshân (m)/ **-a** (w)	ich bin durstig
akal, yâkul	essen
fâzî	frei (Sitzplatz)
tshatal / -ât	Gabel
glâs, glâsât (Mz)	Glas
âni djau*ân (m) / **-a** (w)	ich bin hungrig
châshûga / chawâshîg	Löffel
sitshtshîn / satshâtshîn	Messer
âni shab*ân (m) / **-a** (w)	ich bin satt
ḫisâb	Rechnung
kûb, kûbât (Mz)	Tasse
baqshîsh	Trinkgeld

***asha**	Abendessen
murr	bitter
chall	Essig
maqlî	fritiert
futûr	Frühstück
mashwî	gebraten
matbûch	gekocht
tawâbil	Gewürze
ghada	Mittagessen
zêtûn	Oliven
zêt	Öl
filfil	Pfeffer
milh	Salz
mâlih	salzig
hâmuz	sauer
hârr	scharf; heiß
hilû	süß

Zu Gast sein

Im Irak ist die Familie die Grundlage des sozialen Lebens. Durch sie werden alle wichtigen Angelegenheiten diskutiert und die notwendigen Entscheidungen getroffen. Oft wohnen mehrere Generationen unter einem Dach, vor allem auf dem Lande. Zurückgezogenheit oder gar Egoismus ist Irakern fremd. Verwandten und Freunden in Notlagen zu helfen, ist selbstverständlich.

Gastfreundschaft, auch gegenüber Fremden, bildet einen grundlegenden Bestandteil der irakischen Traditionen. Für jede Familie ist es daher eine große Ehre, einen Gast aus einem fremden Kulturkreis einzuladen. Allerdings sollten Sie einer Einladung nicht gleich Folge leisten. Mitunter ist es als höfliche Geste zu verstehen. Sie würden Ihre Gastgeber in arge Verlegenheit bringen, wenn Sie „urplötzlich" vor der Tür stehen. Erst wenn ein fester Termin vereinbart wird, ist die Einladung ernst gemeint. Schätzen Sie sich glücklich, daß Sie die Möglichkeit haben, einen Einblick in eine irakische Familie zu erhalten. Über ein kleines Geschenk (auf keinen Fall Alkohol und auch nicht unbedingt Blumen) freuen sich die Kinder bzw. die gesamte Familie, insbesondere wenn es aus Ihrer Heimat kommt.

Begrüßen Sie zuerst den Gastgeber, der Sie empfängt und ins Haus bittet. In gebildeten Kreisen werden Ihnen (als Mann) auch die weiblichen Familienmitglieder vorgestellt.

Sowohl vor als auch während des Essens wird viel geredet, über Themen ohne Ende.

Auch bei der Verabschiedung küßt man sich als Zeichen herzlicher Verbundenheit leicht auf die Wangen (nur unter Männern bzw. unter Frauen).

Ihr Gastgeber wird Sie so begrüßen:
is-salâmu *alêkum, tafazzal!
der-Frieden über-euch, bitte(m)
Seien Sie gegrüßt, treten Sie bitte ein!

ahlan wu-sahlan!
Herzlich willkommen!

shlônak?
wie-Farbe-dein(m)
Wie geht es Ihnen?

Sie können folgendermaßen darauf antworten:
zên, il-hamdu lil-lâh!
gut, der-Lob für-Gott
Danke, gut!

So könnte das Gespräch weitergeführt werden:
djibit hadiya basîta min almâniya.
brachte-ich Geschenk einfaches von Deutschland
Ich habe ein kleines Geschenk aus Deutschland mitgebracht.

Wenn Sie sich hinsetzen, wird man Ihnen zurufen: allâh bil-chêr! *(Gott mit Güte, etwa: Möge Ihnen Gott seine Güte schenken!). Wünschen Sie es auch ihren Gastgebern!*

tafazzal, uq*ud!
bitte, setze dich
Bitte, nehmen Sie Platz!

shitrîd tishrab, mai au *asîr?
was-du-willst du-trinkst Wasser oder Saft
Was möchten Sie trinken, Wasser oder Saft?

***asîr burtuqâl, min fazlak.**
Saft Orangen von Güte-dein(m)
Orangensaft, bitte.

Sicher wird man Ihnen die Familie vorstellen:
hâtha wâlidî wu-hâthî ummî.
dieser Vater-mein und-diese Mutter-mein
Das ist mein Vater und das meine Mutter.

***arûs**	Braut
***irrîs**	Bräutigam
ach / uchwân	Bruder
achûya	mein Bruder
ibin *amm *Sohn Onkel*	Cousin
bint *amm *Tochter Onkel*	Cousine
zôdja	Ehefrau
zôdj	Ehemann
djidda	Großmutter
djidd	Großvater
walad / wulid	Junge
tifil / atfâl	Kind
wâlida / umm	Mutter
djâr / djîrân	Nachbar
djâra / djârât	Nachbarin →

***amm**	Onkel (väterl.)
châl	Onkel (mütterl.)
uchut / chawât	Schwester
ibin / abnâ	Sohn
***amma**	Tante (väterl.)
châla	Tante (mütterl.)
bint / banât	Tochter, Mädchen
wâlid; ab	Vater

Einladungen werden üblicherweise für abends (20 Uhr) ausgesprochen und sind deshalb mit einem üppigen Essen verbunden (vgl. auch das Kapitel „Essen und Trinken").

Wollen Sie gehen und sich verabschieden, können Sie sagen:

fî mânil-lâh!
in Sicherheit-der-Gott
Auf Wiedersehen!

Antwort:

ma*a s-salâma!
mit der-Unversehrtheit
Auf Wiedersehen!

Weitere nützliche Wendungen zu diesem Thema finden Sie außerdem in den Kapiteln „Begrüßen / Verabschieden", „Das erste Gespräch" sowie „Floskeln / Redewendungen".

Tee zu jeder Gelegenheit!

Tee – tshâi – ist das Lieblingsgetränk der Iraker. Ob nun im Basar von Bagdad, in den Dörfern oder unterwegs an den Fernstraßen: Überall sieht man Menschen Tee trinken. Dementsprechend groß ist die Zahl der Teestuben (gahwa oder auch tshâichâne). Getrunken wird Tee aus kleinen Gläsern (istikân) und mit viel Zucker, mitunter durch Kardamon (hêl) verfeinert, vor allem wenn er zu Hause zubereitet wird. Manchmal wird er nur zwischendurch genossen, gewissermaßen zur Entspannung und Unterhaltung zugleich. Oft raucht man dabei Wasserpfeife (nargîla) und tauscht Neuigkeiten aus. Dann wieder bildet er den Abschluß der Mahlzeiten. In jedem Fall ist er eine Geste der Gastfreundschaft. Deshalb sollten Sie auch ruhig den Tee zu sich nehmen, wenn Sie ihn im Basar von einem Händler angeboten bekommen. Sie können wunderbar plaudern, sind jedoch keinesfalls zum Kauf verpflichtet.

Eine Spezialität ist h̲âmuz̲, *was eigentlich „sauer" heißt. Gemeint ist damit ein heißes Getränk, das aus Limonen* (nûmî bas̲ra) *und viel Zucker zubereitet wird und vor allem an heißen Tagen sehr bekömmlich ist. Fragen Sie danach und probieren Sie es!*

Religion

Im Irak bekennen sich ca. 95% zum Islam, davon sind mehr als die Hälfte Schiiten. Christen leben in Bagdad und im Norden des Landes. Insbesondere für die schiitischen Moslems, zunehmend auch bei Sunniten, ist die Religion das verbindliche Vorbild im täglichen Leben. Gott (allâh) wird während des Gespräches häufig genannt. Als Schöpfer alles Irdischen bestimmt er deshalb das Wohl und Wehe der Menschen. Zwar haben nicht wenige Iraker eine recht lockere Bindung zum Islam, dennoch sollten Sie keinesfalls versuchen, Ihre Gastgeber von den Vorteilen einer atheistischen Denk- und Lebensweise zu überzeugen. Sie würden es als Beleidigung auffassen.

s̲allâ, yis̲allî	beten
(kitâb) indjîl	Bibel
	Buch Evangelium
nus̲rânî/nas̲âra	Christ
(il-)masîh̲iya	Christentum
maqbara/maqâbir	Friedhof; Grab
s̲alât	Gebet
mimbar	Gebetskanzel
mih̲râb	Gebetsnische
qibla	Gebetsrichtung
mu'min/-a	Gläubige(r)
islâmî	islamisch
umma islâmîya	islam. Gemeinschaft

sharî*a	islam. Recht
*îsâ	Jesus
yihûdî/-ya	Jude/Jüdin, jüdisch
yihûd (Mz)	Juden
(il-)yihûdîya	Judentum
il-qur'ân (il-karîm)	Koran
minâra/-ât	Minarett
masdjid/masâdjid	Moschee
djâmi*/djawâmi*	(Freitags-)Moschee
al̲lâh	Gott, Allah
qabar walî/imam	Heiligengrab
rabb	Herr, Gott
mu'azzin	Muezzin
imâm	Imam
islâm	Islam
mu'azzin	Muezzin
muslim/-în	Moslem
muslima/-ât	Moslemin
nabî	Prophet
dîn	Religion

Der von Moslems am meisten gebrauchte religiöse Satz lautet:

bismi-l-lâh ir-ra<u>h</u>mân ir-ra<u>h</u>îm!
in-der-Name der-Gott der-Erbarmer der-Barmherzige
Im Namen Gottes, des Erbarmers und Barmherzigen!
Oft hört man nur die Kurzform: bismi l-lâh!

Während mit der ersten Form das Gebet begonnen wird, findet die zweite mehr im Alltagsleben Verwendung. Sie wird bei Beginn einer Reise, des Essens, einer Tätigkeit usw. ausgesprochen, um damit den Segen Gottes zu erhalten.

Wie heißt diese Moschee?	**shinû isim (shisim) hâtha l-djâmi*?** *was Name dieser der-Moschee*
Das ist die Abu-Hanifa-Moschee.	**hâtha djâmi* abû <u>h</u>anîfa.** *dieser Moschee Abu Hanifa*
Darf man hineingehen?	**mumkin id-duchûl?** *möglich der-Eintritt*
Nein, das ist nur Moslems erlaubt.	**lâ, masmû<u>h</u> lil-muslimîn bass.** *nein, erlaubt für-der-Moslems nur*
Sind Sie Moslem / Moslemin?	**inta / inti muslim / -a?** *du (m/w) Moslem / Moslemin*
Nein, ich bin Christ / Christin.	**lâ, âni nu<u>s</u>rânî / -ya** *nein, ich Christ (m/w)*

Kaufen und Handeln

Bei Nahrungsmitteln, auch den gern gekauften Gewürzen (sûg it-tawâbil), *in Supermärkten, in Buch- und Schreibwarenläden bestehen Festpreise* (si*r thâbit).

Das Marktleben in den alten Vierteln von Bagdad zu beobachten, gehört zweifelsohne zu den eindrucksvollsten Erlebnissen einer Irakreise. Wer den Markt (sûg) an der madrasat il-mustansiriya, der berühmten Lehrstätte aus dem 13. Jahrhundert, betritt, ist fasziniert vom bunten Treiben in den schmalen, überdachten Gassen. Begehrt bei Touristen ist vor allem der Kupfermarkt (sûg is-safâfîr), auf dem auch Teppiche erhältlich. Dort können Sie nach Lust und Laune handeln. Aber lassen Sie sich Zeit (Trinken Sie den angebotenen Tee!), bevor Sie etwas kaufen und bezahlen Sie keinesfalls den anfangs genannten Preis.

lau samaht, râwînî ...!
wenn gestattet hast-du (m), zeige-mir ...
Bitte zeigen Sie mir ...!

***indak ghêruh / ghêr lôn / ghêr shakil?**
wenn gestattet hast-du (m), zeige-mir ...
bei-dir (m) anders-als-ihm / anders Farbe
Haben Sie noch etwas anderes? / eine andere Farbe? / eine andere Art?

biêsh hâtha?
wieviel dieser
Wieviel kostet das?

alfên wu-chamis-mîya dinâr.
zweitausendfünfhundert Dinar
Zweitausendfünfhundert Dinar.

ghâlî kullish, nazzil min is-si*r shwayya!
teuer sehr, senke von der-Preis ein wenig
Das ist zu teuer, gehen Sie ein wenig mit dem Preis herunter!

mâ yichâlif, chuthuh / chuthîh bi- alfên (dinâr)!
nicht er-steht im Widerspruch, nimm (m/w)-ihn mit zweitausend (Dinar)
Einverstanden, nehmen Sie es für zweitausend (Dinar)!

Anmerkung: bi- *(in; mit; durch) bedeutet im Zusammenhang mit Preisangaben „für soundsoviel Dinar"*

Oder aber Sie kaufen nichts:

mâ arîd ashtarî shî.
nicht ich-will ich-kaufe eine Sache
Ich möchte nichts kaufen.

ashûf / atfarradj / abâwi* bass.
ich-schaue nur
Ich sehe mich nur um.

Nach erfolgreichem Einkauf wird Sie der Händler beglückwünschen:

(alif) mabrûk / -a!
(tausend) gratuliert (m/w)
Herzlichen Glückwunsch!

Antwort:
allâh yibârik fîk!
Gott er-segnet in-dich (m)
Vielen Dank!

libas, yilbas	anprobieren; anziehen
sâhib	Besitzer (eines Ladens)
difa*, yidfa*	bezahlen
rachîs	billig, preiswert
nazzal, yinazzil	ermäßigen (Preis)
mulawwan	farbig
flûs	Geld
dukkân/dakâkîn	Geschäft, Laden
mathûn	gemahlen
tawâbil	Gewürze
thahab	Gold
hadjim; kubur	Größe
hizâm/ahzima	Gürtel
tâdjir/tudjdjâr	Händler
qamîs/qimsân	Hemd
bantalôn/-ât	Hose
tshakêt / -ât	Jacke
bunn	Kaffee(bohnen)
glâda	(Hals-)Kette
thôb	Kleid
nuhâs	Kupfer
djilid	Leder
qabbût	Mantel
sifr	Messing
tartshiya/-ât	Ohrring
mihbas	Ring
qundara	Schuh
fizza	Silber
qumâsh	Stoff
sidjdjâda	Teppich
yashmâgh	(Männer)Tuch
darsîn / filfil	Zimt / Pfeffer

Fotografieren

Jeder Tourist, der in den Irak reist, möchte fotografieren. Motive gibt es genügend, ob auf den Basaren oder in den zahlreichen archäologischen Stätten. Nur ist das nicht immer und überall leicht, vor allem beim Fotografieren von Menschen. Zwar rufen Kinder allerorts „s̲ûra, s̲ûra!" (Foto, Foto!). Aber es ist besser, erst zu fragen, bevor Sie auf den Auslöser drücken. Meist erlaubt man Ihnen das Fotografieren. Alle militärischen Anlagen und Einrichtungen, dazu gehören nach irakischem Verständnis auch Brücken, Ministerien, Polizisten und Soldaten, dürfen keineswegs fotografiert werden.

Fragen Sie einfach:
mumkin s̲ûra?
möglich Foto
Darf ich Sie fotografieren?

Die Antwort könnte entweder lauten:
balî, mumkin.
ja, möglich
Ja, das ist möglich.

oder:
lâ, mû mumkin.
nein, nicht möglch
Nein, das ist nicht möglich.

it-taswîr masmûh hina?
der-Fotografieren erlaubt hier
Ist das Fotografieren hier erlaubt?

lâ, mamnû*
nein, verboten
Nein, es ist verboten.

flash	Blitz
filim slaidât *Film Dias*	Diafilm
hammaz, yihammiz	entwickeln (Film)
filim mulawwan	Farbfilm
filim / aflâm	Film
sawwar, yisawwir	fotografieren
kâmira /-ât	Kamera; Fotoapparat
filim *âdî *Film normal*	Schwarz-Weiß-Film
kâmira fideo	Videokamera

Post und Bank

Postämter gibt es in allen Städten. Dort können Sie Briefmarken kaufen und Briefe beziehungsweise. Postkarten abgeben. Beachten Sie jedoch die Öffnungszeiten, meist von 9 bis 14 Uhr.

Telefongespräche sind entweder in den Postämtern oder in gesonderten Telefonzentralen (baddâla / -ât) *möglich.*

biêsh udjrat risâla / kârt li- ...?
wieviel Porto Brief / Karte nach ....
Wieviel kostet ein Brief / eine Karte nach ...?

bil-barîd il-djauwî
mit-der Post der-luftig
mit Luftpost

arîd arsil risâla musadjdjala.
ich-will ich-schicke Brief registriert (w)
Ich möchte diesen Brief per Einschreiben schicken.

wên mumkin asarrif flûs?
wo möglich ich-wechsle Geld
Wo kann ich Geld tauschen?

il-bank shgad waqit maftûh?
der-Bank wie Zeit offen
Wann hat die Bank geöffnet?

arîd asarrif ... mârk almânî / ... dûlâr.
ich-will ich-tausche ... Mark deutsch / ... Dollar
Ich möchte ... DM / ... Dollar tauschen.

Geld wechseln Sie auf der Bank, nicht bei privaten Geldwechslern (das ist verboten), auch wenn diese einen besseren Kurs haben.

mursil	Absender
***inwân**	Adresse
bank / bunûk	Bank
risâla / rasâyil	Brief
s̱andûg barîd *Kasten Post*	Briefkasten
ṯâbi* / ṯawâbi*	Briefmarke
ẕarf / ẕurûf	Briefumschlag
fâks	Fax
flûs	Geld
s̱arrâf	Geldwechsler
ma*âdin	Münzen
bâkêt s̱ghayyîr	Päckchen
bâkêt / -ât	Paket
musadjdjal	per Einschreiben
bil-djauw *mit-der Luft*	per Luftpost
barîd	Post(amt)
kârt / -ât	Post-; Ansichtskarte
waraq / aurâq	(Geld-)Schein
risal, yirsil	schicken, senden
chatam / achtâm	Stempel
talafôn	Telefon
kallam bit-talafôn / yikallim	telefonieren, anrufen
barqiya / -ât	Telegramm
s̱arraf, yis̱arraf	wechseln (Geld)

Behörden

Nur wer längere Zeit im Irak bleibt, hat mit Behörden zu tun. Gegenüber Ausländern verhalten sich Beamte sehr höflich. Dennoch sollten Sie Geduld und Zeit haben, bis alle Formalitäten erledigt sind. Beamte zu beschimpfen, wenn es Ihnen nicht schnell genug geht, führt gegebenenfalls dazu, daß Ihnen überhaupt nicht geholfen wird.

wên ish-shurta?
wo der-Polizei
Wo ist die Polizei?

arîd aqaddim shakwâ.
ich-will ich-vorbringe Klage
Ich möchte eine Anzeige erstatten.

bâqû il-flûs mâltî.
stahlen-sie (Mz) der-Geld Besitz-mein
Man hat mir mein Geld gestohlen.

âni lâzim atawwil it-ta'shira mâltî.
ich notwendig ich-verlängere der-Visum Besitz-mein
Ich muß mein Visum verlängern lassen.

iqâma	Aufenthalt
muwazzaf	Beamter; Angestellter
sifâra	Botschaft
is-sifâra il-almânîya	die deutsche Botschaft
idjâzat siyâqa	Führerschein
sâlih	gültig
shakwâ	Klage; Anzeige
tshayyak, yitshayyik	kontrollieren (Koffer)
djawâz / -ât	Paß
sûra / suwwar	Paßbild
bitâqa shachsîya	Personalausweis
shurta	Polizei
shurtî / -yîn	Polizist
chatam / achtâm	Stempel
mû sâlih	ungültig
mas'ûl	verantwortlich
tawwal, yitawwil	verlängern
ta'shira	Visum
gumruk	Zoll
il-gamârik	(die) Zollbehörde

Krank sein

In den großen Städten ist die medizinische Versorgung gut. Viele Ärzte haben ihre Ausbildung im Ausland erhalten, was sie dann auch auf ihren Praxisschildern vermerken. Ärzte sind auch über die großen Hotels erreichbar.

Die Apotheken in den Städten sind mit Medikamenten gut versorgt. Bei Fahrten durchs Land empfiehlt es sich, dringend benötigte Medikamente mitzunehmen, zum Beispiel gegen Magenverstimmung und Durchfallerscheinungen.

Ich bin krank.	**âni marîz̲. / marîz̲a.** *ich krank (m/w)*
Ich muß zum Arzt.	**lâzim ashûf it̲-t̲abîb.** *nötig ich-sehe der-Arzt*
Ich habe Fieber.	***indî h̲arâra.** *bei-mir Temperatur*
Ich habe (starke) Bauchschmerzen.	***indî wudja* (shadîd) bil-bat̲in.** *bei-mir Schmerzen (heftig) in-dem Bauch*
Gibt es einen Arzt, der in Deutschland studiert hat?	**akû t̲abîb daras bi-almâniya?** *er-ist-vorhanden Arzt studierte-er in-Deutschland*

indî wudja bil- ...
bei-mir Schmerzen in der ...
Ich habe Schmerzen am / im ...

*ên / *ênên	Auge
ba<u>t</u>in	Bauch
ridjil / ridjlên	Fuß; Bein
raqaba	Hals
qalb	Herz
rukba / rukbatên	Knie
râs	Kopf
ma*ida	Magen
<u>h</u>âlig	Mund
chashim	Nase
kilya / kilyatên	Niere
uthun / uthunên	Ohr
<u>z</u>ahr	Rücken
sinn / sinân (Mz)	Zahn

arîd duwa <u>z</u>idd il- ...
ich-will Medizin gegen der ...
Ich möchte ein Medikament gegen ...

ishâl	Durchfall
influanza	Grippe
iltihâb	Entzündung
ga<u>hh</u>a	Husten
nashla	Erkältung
zukâm	Schnupfen
<u>h</u>arâra	Fieber
qabi<u>z</u>	Verstopfung

Weiter wichtige Wörter

s̲aidaliya	Apotheke
t̲abîb, diktôr	Arzt
damm	Blut
mustashfa	Krankenhaus
duwa, adwiya (Mz)	Medikament
***amaliya**	Operation
ratshêta	Rezept
h̲âmil; h̲ibla	schwanger
dôcha	Schwindelanfall
h̲abba, h̲ubûb (Mz)	Tablette
qat̲ara, qat̲arât (Mz)	Tropfen
djarih̲, djruh̲ (Mz)	Wunde
t̲abîb is-sinân	Zahnarzt
shila* sinn, yishla*	ziehen (Zahn)

Toilette

Restaurants in den Städten und auch Raststätten an den Fernstraßen haben Toiletten (hammâm/tualit). Allerdings entsprechen sie nicht immer unseren hygienischen Vorstellungen. Toilettenpapier sollten Sie deshalb stets dabei haben. Benötigen Sie eine Toilette, fragen Sie:

wên hammâm ir-riyâdjîl / in-nisâ?
wo Toilette der-Männer / der-Frauen
Wo ist die Herren- / Damentoilette?

châulî, chawâlî (Mz)	Handtuch
nazîf	sauber
wasuch	schmutzig
sâbûn	Seife
waraq hammâm *Papier Toilette*	Toilettenpapier

Schimpfen und Fluchen

Auch im Irak versteht man zu fluchen. Selten sind dabei Touristen gemeint und wenn, dann ist der Grund sicher ein Mißverständnis. Lassen Sie sich nicht provozieren! Reagieren Sie stattdessen beschwichtigend und voller Humor, wie z.B. mit dem folgenden Satz:

al̲l̲âh yisâmh̲ak / yint̲îk!
Gott er-hat Nachsicht-mit-dir / vergibt-dir
Gott möge dir / Ihnen vergeben!

Die nachfolgenden Wendungen sollten Sie verstehen, aber nicht unbedingt gebrauchen:

mût̲î!	Du Esel!
yâbn tshalib!	Du Hundesohn!
tshalib!	Du Hund!
inta/intî mchabbal/-a	du bist verrückt!
yabni l-gah̲ba!	Du Hurensohn!

Flüche bzw. Schimpfwörter beziehen sich entweder auf unreine Tiere (Hund), moralische Eigenschaften oder im schlimmsten Fall auf die Mutter (umm) *bzw. Schwester(n)* (uchut, chawât *Mz).*

Fühlen Sie sich belästigt oder zu Unrecht beschimpft, dann „wehren" Sie sich mit:
***êb!**
Schande
Schäm dich / Schämt euch!

oder auch:
***êb *alêk / *alêtsh!**
Schande über-dich (m/w)
Schäm dich!

Außenstehende werden bei diesem Ausruf sofort aufmerksam, greifen ein und fordern zur Besonnenheit auf. Ist die Angelegenheit für Sie erledigt, sagen Sie einfach:

chalâs̲, mû mushkila!
Schluß, kein Problem
Es ist alles wieder in Ordnung!

mâ yichâlif!
nicht er-steht im Widerspruch
Kein Problem!

Dringende Hilferufe

bi-sur*a, arîd musâ*ada!
mit-Geschwindigkeit, ich-will Hilfe
Schnell, ich brauche Hilfe!

mumkin tiwassilnî li- ...
möglich du-bringst (m)-mich nach ...
Können Sie mich nach .../ zu ... bringen?

Die folgenden Hilferufe sind – da schriftlich – in der Hochsprache abgefaßt.

1. Mein Name ist ...
   إسمي..
   ismî ...

2. Ich komme aus Deutschland /Österreich / der Schweiz.
   أنا من ألمانيا/ النمسا / سويسرا
   anâ min almâniya / in-nimsâ / swisrâ.

3. Ich hatte einen Unfall.
   عرض لي حادث
   ***araza lî hâdith il-murûr.**

4. Ich bin krank.
   أنا مريض
   anâ marîz.

5. Man hat mich bestohlen.
   سرقوني
   saraqûnî.

6. Ich habe meine Dokumente verloren.
فقدتُ وثائقي
faqadtu wathâ'iqî.

7. Helfen Sie mir bitte schnell!
ساعدوني بسرعة من فضلكم
sâ*idûnî (m, Mz) bi-sur*a, min fazlikum!

8. Bitte holen Sie einen Arzt / die Polizei!
أطلبوا طبيباً/ الشرطة من فضلكم
utlubû (m, Mz) tabîban / ash-shurta min fazlikum!

9. Wie komme ich nach ...
كيف أذهب إلى...
kaifa athhab ila ...?

10. Wie komme ich zu einem Arzt / einem Hotel?
كيف أذهب إلى طبيب/ فندق
kaifa athhab ila tabîb / ila funduq?

11. Wo kann ich telefonieren?
أين ممكن أتّصل بالهاتف
aina mumkin attasil bil-hâtif?

12. Bitte benachrichtigen Sie die deutsche Botschaft!
أخبروا السفارة الألمانية من فضلكم
uchbirû (m, Mz) as-sifâra al-almânîya, min fazlikum!

Nichts verstanden? – Weiterlernen!

Bravo! Den Anfang zum Erlernen einer schweren Sprache haben Sie schon gemeistert. Keine Angst, reden Sie einfach! Auch die Iraker kennen die Schwierigkeiten ihrer Sprache und werden sich Ihnen gegenüber tolerant und zugleich hilfsbereit verhalten.

***afwan?**
Verzeihung
Wie bitte?

na*m?
Verzeihung
Wie bitte?

mâ ftihamtak.
nicht verstand-ich-dich (m)
Ich habe Sie nicht verstanden.

mâ fihamit kull shî.
nicht verstand-ich alle Sache
Ich habe nicht alles verstanden.

ahtshî *arabî bass shwayya.
ich-spreche Arabisch nur wenig.
Ich spreche nur wenig Arabisch.

ardjûk ihtshî yawâsh!
ich-bitte-dich (m), sprich (m) langsam
Bitte sprechen Sie langsam!

Haben Sie ein Wort oder eine Wendung nicht verstanden, dann fragen Sie:

shinû ma*na hâtha?
was Bedeutung dieser
Was heißt das?

Da Sie die arabische Schrift nicht erlernt haben, aber dennoch wissen möchten, was auf einem Schild steht oder wie die Adresse lautet, sagen Sie:

lau samaht, mumkin tiqra lî hâtha?
wenn gestattet hast-du (m) möglich du-liest für-mich dieser
Können Sie mir das bitte vorlesen?

Falls Sie trotz aller Bemühungen nicht klarkommen, bleibt nur noch die Frage nach den Sprachkenntnissen Ihres Gesprächpartners:

akû wâhid yihtshî almânî / inglîzî / fransâwî?
er-ist-vorhanden eins er-spricht Deutsch / Englisch / Französisch
Gibt es jemanden, der Deutsch / Englisch / Französisch spricht?

mumkin titardjim?
möglich du-übersetzt
Würden Sie (mir) übersetzen?

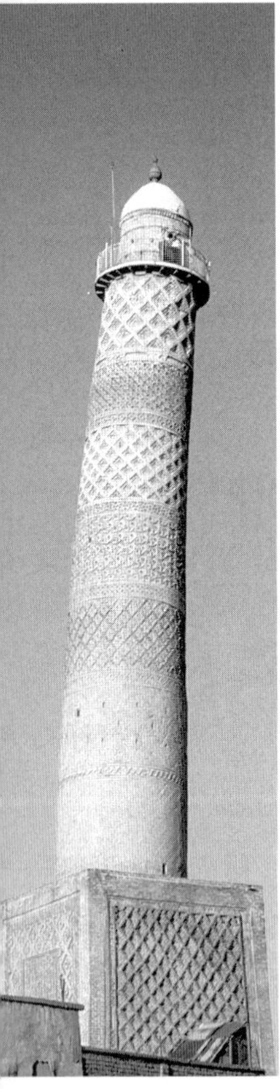

Die nachfolgenden Listen umfassen jeweils etwa 1000 Wörter Deutsch-Irakisch und Irakisch-Deutsch, mit denen die Verständigung schon gut klappt. Von wenigen wichtigen Ausnahmen abgesehen sind Bezeichnungen für Autoteile, Bekleidung, Farben, Getränke, Körperteile und Lebensmittel sowie Monatsnamen und Zahlen nicht aufgenommen. Diese, wie auch das eine oder andere Wort, können relativ schnell den Listen der entsprechenden Kapitel entnommen werden.

Hauptwörter stehen immer in den Formen der Ein- und der Mehrzahl, falls es sie gibt. Endet die Mehrzahl auf -în *(m) bzw.* -ât *(w), dann wird sie regelmäßig gebildet. Beide, wie auch die sogenannten unregelmäßigen Mehrzahlformen, sind nach dem Schrägstrich angeführt, z.B.:* kitâb / kutub *(Buch / Bücher). Hinter weiblichen Hauptwörtern steht (w).*

Existiert ein Wort lediglich in der Einzahl, ist es mit „Ez" gekennzeichnet. Kommt es hingegen nur in der Mehrzahl vor, steht „Mz" dahinter.

Verben (Tätigkeitswörter) *sind in der Grundform Vergangenheit (er schrieb usw.) und der 3. Pers. männl. Gegenwart angegeben. Es folgt die Befehlsform (m), sofern sie wichtig ist. Verlangen Verben ein bestimmtes Verhältniswort, so steht es hinter der Grundform.*

Eigenschaftswörter *erscheinen nur in der männlichen Form. Hat deren Mehrzahl nicht die Endung* -în, *ist sie unregelmäßig und wird erwähnt. Beide Mehrzahlformen werden nur bei männlichen Personen verwendet. Die weiblichen Endungen für die Einzahl* -a *bzw. die Mehrzahl* -ât *lassen sich leicht ableiten. Ausnahmen werden genannt.*

Langes â *ist unter* a *zu finden, ebenso* ê/e, î/i, ô/o *und* û/u.

Die Zeichen * (*ain) *und das seltenere* ʻ (Hamza) *bleiben im Alphabet unberücksichtigt*

Abkürzungen:

m (männlich),
w (weiblich),
bes. (besitzanz. Fürwort),
Gatt. (Gattungsbezeichnung),
a. (auch),
jmd. (jemanden),
etw. (etwas),
Ggs.: (Gegensatz von)

A

Abend masâ'
Abendessen *ishâ
abends bil-masâ'; masâ'an
aber lâkin
Abschied widâ*
Absender mursil
ach so! hâ!
Adresse *inwân / *anâwîn
ähnlich mithil
Alkohol chamr / chumûr
Allah allâh
alle kull
alles kull shî
als (zeitl.) lamma
als (Vergleich) min
alt (Mensch) kabîr / kbâr
alt (Sache) qadîm; *atîg
Alter (Lebens-) *umur
andere(r) âchar (m) / uchrâ (w)
Angestellter muwazzaf / -în
Angst chôf
Angst haben vor châf min, yichâf
anhalten wugaf, yûgaf, guf!
ankommen (an / in) wusal ila, yûsal
Ankunft wusûl
Ansichtskarte bostkârt / -ât
anstatt badal
Anlaß sabab / asbâb
Antwort djuwâb
antworten djâwab, yidjâwib, djâwib!
Anzahl (von) *adad min a*dâd
Anzeige shakwâ (w) shakâwâ
anziehen, sich libas, yilbas
Apotheke saidaliya (w) / -ât
Araber *arabî / (il-)*arab
arabisch *arabî
Arbeit shughul
arbeiten shtighal, yishtughul
Arbeiter *âmil / *ummâl
arm faqîr / fuqarâ'
Armee djêsh / djyûsh
Arzt tabîb; diktôr
Aschenbecher minfaza (w) / manâfiz
aua! ah!
auch hamm
auf *ala, a.: *al-
Aufenthalt iqâma (w)
aufhören challas, yichallis
aufstehen (a. vom Schlaf) gâm, yigûm, gûm!
aus min
außer ghêr
außerhalb barra
Ausflug rihla (w) / -ât
Ausfuhr ichrâdj
Ausgang machradj, churûdj
ausgezeichnet mumtâz
Ausländer adjnabî / adjânib
ausprobieren djarrab, yidjarrib
Ausreise mughâdara (w)
ausruhen, sich irtâh, yirtâh
aussteigen (aus) nizal min, yinzil
auswählen (etw.) chtâr, yichtâr
Ausweis hawiya (w) / -ât
ausziehen, sich niza*, yinza*
Auto sayyâra (w) / -ât

B

Babylon bâbil
Bäckerei machbaz machâbiz
Bad hammâm / -ât
Bagdad baghdâd (w)
Balkon bâlkôn / -ât
bald ba*ad shwayya
Bank bank / bunûk
Bauer fallâh / -în
Baum shadjara (w) / shadjar
Baumwolle qutun
Basar sûg / aswâg
Basra il-basra (w)
Beamter muwazzaf / -în
Bedeutung ma*na
beenden challas, yichallis, challis!
beginnen btida, yibtidî, ibtidi!
bei *inda, a.: *ind-
bekannt ma*rûf
belästigen (jmd.) zayyaq, yizayyiq
benachrichtigen chabbar, yichabbir, chabbir!
benutzen sta*mal, yista*mil
Benzin banzîn
Berg djabal / djibâl
berühmt mashhûr

Bescheinigung kitâb rasmî
Beschwerde shakwâ (w) / shakâwâ
beschweren, sich (über) shtakâ min, yishtakî
besetzt (Telefon) mashghûl
besetzt (Hotel, Stuhl) mahdjûz
Besitzer sâhib / ashâb
besser ahsan
Bestechung rashwa (w) /-ât
bestellen (z.B. Speise) wassa, yiwassî, wassi!
Besuch ziyâra (w) / -ât
besuchen zâr, yizûr
beten salla, yisallî, salli!
betrunken sakrân / -în
Bett frâsh / frûsh
bevor gabul
bezahlen difa*, yidfa*, idfa*!
Bibel il-indjîl
Bier bîra (w)
Bild (Foto) sûra (w) / suwar
billig rachîs
bis (zeitl.) lhad
bißchen shwayya
Bitte talab / -ât
bitte! (Aufforderung) min fazlak! (m)
bitte! (Gewährung) tafazzal! (m)
bitte (Antwort auf „danke!") *afwan
bitten tilab, yitlub
bitter murr
Blatt waraq / aurâq
Bleistift qalam / aqlâm
Blume zahra / zuhûr
Botschaft sifâra (w) / -ât
Botschafter safîr / sufarâ'
brauchen hitâdj, yihtâdj
Braut *arûs
Bräutigam *irrîs
bravo! brâfô!
breit *arîz
Brief risâla (w) / rasâyil
Briefkasten sandûg il-barîd / sanâdîg
Briefumschlag zarf / zurûf
bringen djâb, yidjîb, djîb!
Brücke djisir / djusûr
Bruder ach / uchwân
Brunnen bîr / âbâr
Buch kitâb / kutub
Buchstabe harf / hurûf
bügeln kawî, yikwî
bunt mulawwan
Büro maktab / makâtib
Bus bâs / -ât
Bushaltestelle mahattat il-bâs / -ât

C / D

Chef mudîr / mudarâ'
Christ nusrânî / nasârâ
Christentum il-masîhiya (w)
Cousin ibin *amm / ibin châl
Cousine bint *amm / bint châl
Dach satah / sutûh
damals thâk il-waqit
damit likay; lishân
danach ba*dên
danke! shukran!
danken shikar, yishkur
daß innuh
das heißt ya*nî
Dattel tamra (w) / tamur
Datum târîch
Decke (Woll-) battâniya (w) / -ât
denken ftikar, yiftikir
deutsch almânî
Deutsche Mark mârk almânî
Deutscher almânî / almân
Deutschland almâniya (w)
Devisen *umla (w) sa*ba / -ât
Dialekt lihdja (w) / -ât
dick thachîn / thichân
Dieb bawwâg
Dieb (Taschen-) nashshâl
dies(er/e/e) hâtha / hâthi / hâthôla
Ding shî / ashyâ'
Direktor mudîr / mudarâ'
Dollar dulâr / -ât
dolmetschen tardjam, yitardjim
Dolmetscher mutardjim / -în
Donnerwetter! allâh!
Dorf qariya (w) / qurâ
dort hinâk
draußen barra
du inta (m) / inti (w)
dumm ghabî
dünn rafî*
dünn (Gegenstand) chafîf
Durchfall ishâl
durstig *atshân
Dusche dush
duschen, sich achath dush, yâhuth
Dutzend dirzan

E

Ehefrau zôdja (w) / -ât
Ehemann zôdj / azwâdj
Eigentum muluk / amlâk
eilig musta*djil / -în
ein(er/e) wâhid / wihda
einfach (Sache) sahil; basît
Eingang madchal; duchûl
einladen (zu) *izam li, ya*zim
Einladung da*wa (w)
Einschreibebrief risâla (w) musadjdjala / rasâ'il
einsteigen rikab, yirkab, irkab!
eintreten dichal, yidchul, udchul!
einverstanden muwâfiq
Einwohner sâkin / sukkân ; ahil (Mz)
Eis (Ggs.Wasser) thalidj
Eisen hadîd
elektrisch kahrabâ'î
eng zâyiq
Engländer inglîzî / inglîz
englisch inglîzî
Entschuldigung! il-*afwu!
entwickeln (Film) hammaz filim, yihammiz
Entwicklung (Film) tahmîz wu-tab*
Entzündung iltihâb
er huwwa
Erde arz
Erdöl nafut
Erfolg nidjâh
erhalten stilam, yistilim
erinnern (jmd.) thakkar, yithakkir, thakkir!
erinnern, sich tthakkar, yitthakkar
Erinnerung thikra (w)
Erkältung nashla (w)
erklären shirah, yishrah
erlauben (jmd. etw.) simah li, yismah, ismah!
Esel himar / hamîr
essen akal, yâkul
Essen (Speise) akil / aklât; ta*âm
Etage tâbiq / tawâbiq
etwas shî
Euphrat il-furât
Europa urubba
europäisch urubbî

F

fahren râh, yirûh, rûh!
fahren (steuern) sâg, yisûg, sûg!
Fahrer sâyiq / /-în
Fahrkarte bitâqa (w) / -ât
Fahrpreis udjra (w)
falls ithâ
falsch (eine Sache) ghalat
Familie ahil
Farbe lôn / alwân
Faß barmîl / barâmîl
fasten sâm, yisûm, sûm!
Fasten siyâm
faul kaslân
Feier; Fest hafla (w) / -ât
Feiertag *îd / a*yâd
Feld haqal / huqûl
Fenster shubbâtsh / shibâbîtsh
Ferien *utla (w)
fertig djâhiz
Feuer nâr
Fieber harâra (w)
finden liga, yilga
Firma sharika (w) / -ât
Flasche butul / btâla
Flughafen matâr / -ât
Flugzeug tayyâra (w) / -ât
Fluß nahar / anhur
Foto sûra (w) / suwar
fotografieren sawwar, yisawwir, sawwir!
Frage su'âl / as'ila
fragen si'al, yis'al, is'al!
Frau mara / nisâ'
Frau (Anrede) sayyida / -ât
Fräulein ânisa / -ât
frei (Person) hurr
frei (z.B. Zimmer) fâzî
Freiheit hurriya
Freund sadîq / sudqân; sâhib / ashâb
Frieden salâm
Friedhof maqbara (w) / maqâbir
frisch (Obst, Gemüse) tâze
Friseur hallâq / -în
froh farhân
früh min waqit
Frühling rabî*
Frühstück rayyûg; futûr
frühstücken trayyag, yitrayyig, trayyig!
Führerschein idjâzat (w) siyâqa
füllen (z.B. Benzintank) malli, yimalli, malli!
für li-; lishân; bi-
Furcht chôf
fürchten, sich (vor) châf min, yichâf

G

Gabel tshatal / -ât
Garten hadîqa (w) / hadâyiq
Gast zêf / zuyûf
Gastfreundschaft ziyâfa (w)
geben nta, yintî, ntî!
Gebet salât (w)
Gebetskanzel mimbar
Gebetsrichtung qibla (w)
Gebirge djibâl
gebrochen maksûr
Geburtstag (Fest) *îd mîlâd
Gedanke fikra (w) / afkâr
Geduld sabur
Geduld haben sabar, yisbur, usbur!
geduldig sabrî
Gefahr chatar
gefährlich chatîr
Gefängnis sidjin / sidjûn
gegen zidd
gegenüber (örtl.) gbâl
Gehalt râtib / rawâtib
gehen râh, yirûh, rûh!; misha, yimshî, imshi!
geizig bachîl / buchalâ'
Geld flûs (Mz)
Geldwechsler sarrâf / -în
genau biz-zabit
Genehmigung idjâza (w) / -ât
genug kaffî
geöffnet maftûh
Gepäck djunat (Mz)
geradeaus gubal
Geschäft dukkân / dikâkîn
Geschenk hadiya (w) / hadâya
geschlossen masdûd
Gesetz qânûn / qawânîn
gestern ilbârha, a.: imbârha
Gesundheit sahha (w)
Gewicht wazin
gewiß sudug
Gewohnheit *âda (w) / -ât
gewöhnlich *âdatan
gibt, es akû
Glas djâm
Glas (Trink-) glâs / -ât
gläubig (relig.) mu'min / -în
Glück hazz
glücklich sa*îd
Glückwunsch! mabrûk!; tahânî!
Glühbirne glôb / -ât; lamba / -ât
Gold thahab
Golf, Arabischer il-chalîdj il-*arabî
Gott allâh
Grammatik nahw
gratulieren hannâ, yihannî
Grenze hudûd (Mz)
Grippe influanza
groß kabîr / kbâr
Größe (Kleidung) hadjim; kubur
Großmutter djidda / -ât
Großvater djidd / adjdâd
Grund (Anlaß) sabab / asbâb
Gruß salâm / -ât
grüßen (jmd.) sallam *ala, yisallim
gültig (bis) sâlih li
Gürtel hizâm / ahzima
gut zên
gut (Mensch) chosh

H

Haar sha*ar
haben *ind (+ bes.)
halb nusuf, a: nuss
Halbinsel shibh djazîra (w)
Hälfte nusuf, a.: nuss
Haltestelle mahatta (w) /-ât
Hammer tshâkûtsh / tshawâkîtsh
Händler tâdjir / tudjdjâr
Handtuch châulî / chawâlî
häßlich (Mensch) qabîh / qbâh
Hauptstadt *âsima (w) / *awâsim
Haus bêt / byût
Heft daftar / difâtir
heilig mqaddas
Heiliger walî / auliyâ'
Heirat zawâdj
heiraten tzawwadj, yitsawwidj
heiß hârr
helfen sâ*ad, yisâ*id, sâ*id!
Herbst charîf
Herr sayyid / sâda
heute ilyôm, a.: halyôm
hier hina, a.: hinâya
Hilfe musâ*ada (w) / -ât
Himmel samâ' (w)
hinbringen (jmd.) wassal, yiwassil, wassil!
hinten wara
hinter wara
hoch *âlî
Hochzeit *irs
hoffen t'ammal, yit'ammal
hoffentlich atmannâ
höflich m'addab / -în

holen djâb, yidjîb, djîb!
Holz chashab, a: chishab
hören sima*, yisma*, isma*!
Hotel utêl / -ât
Hund tshalib / tshilâb
Hunger djû*
hungrig djô*ân / -în
husten ga<u>hh</u>, yigu<u>hh</u>
Husten ga<u>hh</u>a (w)

I / J

ich âni
Idee fikra (w)
immer dâyman; kull waqit
in bi-; fî
innen djuwwa
Ingenieur muhandis / -în
Industrie <u>s</u>inâ*a (w) / -ât
innerhalb dâchil; djuwwa
intelligent thakî
Insel djazra (w) / -ât
interessant muhimm
Irak il-*irâq
Iraker *irâqî / -yîn
irakisch *irâqî
Iran irân
irgend etwas fadd shî
irgendwer fadd a<u>h</u>ad
irgendwo fadd makân
Islam islâm
islamisch islâmî
ja nâ*am; balî; 'îh
Jahr sana (w) / sinîn
Jahreszeit fa<u>s</u>il / fu<u>s</u>ûl
jährlich sanawî
jedenfalls bi-kull a<u>h</u>wâl
jede(r) kull
jederzeit kull waqit

jener(e,e) hathâk / hathîtsh / hathôlak
jetzt hassa
Jordanien il-urdun
jordanisch urdunî
Jude yahûdî / yahûd
Judentum il-yahûdiya
jüdisch yahûdî
Jugend shabâb
Jugendlicher shâbb / shubbân
jung <u>s</u>aghîr / <u>s</u>ghâr, a.: <u>s</u>ghêr / <u>s</u>ghâr
Junge walad / wulid

K

Kaffee gahwa (w)
Kalender ruznâme
kalt bârid
Kälte bard
Kamera kâmira / -ât
Kamel djamal / djimâl
Kamm mishi<u>t</u> / msh<u>ât</u>
kaputt maksûr; chirbân
Kasten <u>s</u>andûg / <u>s</u>anâdîg
Katze bazzûna / bizâzin
kaufen shtira, yishtirî
kein Problem! mû mushkila!
keine(r) mâ<u>h</u>ad
Kellner walad; djarsôn
kennen *iraf, ya*ruf
kennenlernen (jmd.) t*arraf *ala, yit*arraf
Kerze sham*a (w) / shumû*
Kette silsila (w)
Kette (Hals-) glâda (w)
Kind <u>t</u>ifil / a<u>t</u>fâl
Kino sînama (w)
Kirche kanîsa (w) / kanâyis

Kleidung malâbis (Mz)
klein <u>s</u>aghîr / <u>s</u>ghâr
Kleingeld chorda (w)
Klingel djaras
klingeln dagg idj-djaras, yidigg, digg!
klopfen (an) dagg *ala, yidigg, digg!
kochen (Speise) <u>t</u>ibach, yi<u>t</u>buch
kochen (Wasser) fawwar, yifawwir
Koffer djan<u>t</u>a (w) / djuna<u>t</u>
Kollege zamîl / zumalâ'
kommen idja, yidjî
komm her! ta*âl! (m)
kompliziert <u>s</u>a*b
können (vermögen) gidar, yigdar
Konsulat qun<u>s</u>uliya (w) / -ât
Kontrolle taftîsh
kontrollieren fattash, yifattish, fattish!; tshayyak, yitshayyik, tshayyik!
Koran il-qur'ân (il-karîm)
kosten (probieren) thâq, yithûq, thûq!
kosten (Preis) kallaf, yikallif
kostenlos madjdjanan; balâsh
krank marî<u>z</u>
Krankenhaus musta<u>sh</u>fa (w) / -yât
Krankheit mara<u>z</u> / amrâ<u>z</u>
Kreuzung taqâ<u>t</u>u* / -ât
Krieg <u>h</u>arb / <u>h</u>urûb
Küche ma<u>t</u>bach / ma<u>t</u>âbich
kühl bârid

mîya wu-sab*a wu-chamsîn | 157

Kühlschrank thallâdja (w) / -ât
Kugelschreiber qalam / aqlâm
Kuh baqara / baqar
Kunst fann / fnûn
Künstler fannân / -în
Kupfer nuhâs
kurz qasîr
Kuß bûsa (w) / -ât
küssen tbâwas, yitbâwis
Kuwait il-kuwêt
kuwaitisch kuwêtî

L

lachen zahak, yizhak, izhak!
Laden dukkân /dakâkîn
Lage (geogr.) mauqi*
Lampe lamba (w) / -ât
Land (Dorf) rîf
Land bilâd / buldân
Land (Irak) qutur
Landkarte charîta (w) / charâyit
Landwirtschaft zirâ*a (w)
lang tawîl
langsam yawâsh
langsam, langsam! *ala kêfak! (m)
langweilig mumill
lassen (etwas) challa, yichallî, challi!
Lassen Sie es liegen / stehen! challi, challi!
leben *âsh, yi*îsh
Leben hayât (w)
Lebensmittel mawâdd ghithâ'iya
Leder djilid
ledern djildî
ledig *azab / *izbân
leer fâzî
legen challa, yichallî, challi!
Lehm tîn
lehren darras, yidarris, darris!;*allam, yi*allim, *allim!
Lehrer mu*allim / -în; mudarris / -în
leid, es tut mir âni mit'assif
leicht (Gewicht) chafîf
leicht (Sache) sahl; basit
lesen qira, yiqra, iqra!
letzte(r) achîr, achîra
Leute nâs (Mz)
Licht nûr
Licht (Ggs.: Schatten) zau'
lieben habb, yihibb
Lied ughniya (w) / aghânî
Linie chatt / chutût
links yasâr
Löffel châshûga (w) / -ât
Lohn adjir
los, schnell! yalla!
Löwe asad / usûd
Luft hawa
Luftpost, per bil-barîd il-djauwî
Lüge kithb
lügen kithab, yikthib
Lügner kaththâb / -în

M

machen sawwa, yisawwî
macht nichts! mâ yichâlif!
Mädchen bint / banât
mahlen tahan, yithan
malen risam, yirsim, irsam!
manchmal marrât
Mann ridjdjâl / riyâdjîl
Markt sûg / aswâg
Märtyrer (polit., relig.) shahîd / shuhadâ'
Maschine makîna (w) / makâyin
Maus fâr / firân
Medikament duwa (w)
Meer bahar / buhûr
mehr (als) akthar min
meinen zann, yizinn
Meinung râ'î
Mensch insân / nâs
merkwürdig *adjîb
Mesopotamien bilâdêmâ bên in-nahrên
Messer sitshtshîn / satshâtshîn
Miete udjra (w)
mieten sta*djar, yista*djir
militärisch *askarî
Minarett minâra (w) / -ât
Minister wazîr / wuzarâ'
Ministerium wizâra (w) / -ât
Minute daqîqa (w) / daqâyiq
mit wîya; ma*a
Mittag zuhur
Mittagessen ghada
Mittag essen (zu) tghadda, yitghadda
mittags biz-zuhur a.:iz-zuhur
Mitte wasat
Mitternacht nusuf il-lêl
modern djadîd
möglich mumkin
Monat shahar / ashhur
Mond qamar

morgens bis-subuh, a.: is-subuh
Moschee masdjid / masâdjid; djâmi* / djawâmi*
Mossul il-môsil
Motorrad matôrsikl / -ât
müde ta*bân / -în
Muezzin mu'aththin
Müll zibl
Münzgeld *umla (w) ma*daniya / -ât
Museum mathaf / matâhif
Musik musîqa
müssen lâzim
Mutter umm / umahât; wâlida / -ât

N

nach (örtl.) ila
nach (zeitl.) ba*ad
Nachbar djîr / djîrân
nachdenken (über) fakkar fî, yifakkir, fakkir!
Nachmittag ba*ad iz-zuhur
Nachricht chabar / achbâr
Nacht lêla (w) / lyûl
nachts bil-lêl
nahe qarîb
Nähe qurb
Name isim / asâmî'
naß nadî
national watanî
Nationalität djinsiya (w)
Natur tabî*a (w)
natürlich tabî*î
natürlich! tab*an!
neben (örtl.) bi-djânib
Neffe ibin ach / ibin uchut
nehmen achath, yâchuth, chuth!
nein lâ, a.: lâ' (betont)
neu djadîd
Nichte bint ach; bint uchut
nichts lâ shî
niemals abadan
niemand mâhad
nochmals marra uchrâ
Norden shimâl
nördlich shimâlî
normal *âdî
normalerweise *âdatan
notwendig zarûrî
Nummer raqam / arqâm
nur bass
Nutzen fâyda (w)
nützlich mufîd
nutzlos bidûn fâyda; mâkû fâyida

O

Oase wâha (w) / -ât
oben fôg
Obst mêwa (w), a.: mîwa (w)
oder au
offen maftûh
offiziell rasmî
Offizier zâbut / zubbât
öffnen fitah, yiftah, iftah!
oft(mals) marrât (w) kathîra
ohne bidûn
ohne daß (vor Verben) bidûn mâ
Onkel (Bruder d. Vaters) *amm
Onkel (Bruder d. Mutter) châl
organisieren dabbar, yidabbir, dabbir!
Ort(schaft) balad / bilâd
Ort (Platz) makân / -ât
Osten sharq
östlich sharqî
Österreich in-Nimsa (w)
Österreicher nimsâwî /-yîn

P / Q

Paar zôdj / azwâdj
Päckchen (a.: **Zigaretten)** bâkêt (sghayyir) / -ât
Paket bâkêt / -ât
Palme nachla (w) / nachal
Papier waraq /aurâq
Park muntazih / -ât; bârk / -ât
Partei hizib / ahzâb
Paß djawâz / -ât
Pause râha (w) / -ât; istirâha (w) / -ât
Person shachus / ashchâs
Pferde chêl (Gatt.)
pfui! uff!; ' !
Plan chutta (w) / chutat
Plastik bilastîk
Plastiktüte kîs / akyâs
Platz (geogr.) sâha (w) / -ât
Politik siyâsa (w)
politisch siyâsî
Polizei shurta (w)
Polizei (Behörde) markaz ish-shurta / marâkiz
Polizist shurtî / -yîn
Post barîd
Porto udjra (w)
Postamt maktab il-barîd / makâtib

Postkarte kârt / -ât
Preis si*r/as*âr; qîma (w)/ qiyam
privat chusûsî
Problem mushkila (w) / mashâkil
Programm barnâmidj / barâmidj
Prophet nabî / anbiyâ'
Qualität nau*iya (w)
Quelle *ên / *uyûn
Quittung wasl / wusûlât

R

Radio radiyô
Rauch duchân
rauchen dachchan, yidachchin, dachchin!
Raum ghurfa (w) / ghuraf
Rechnung hisâb / -ât
Recht haqq / huqûq
recht, Sie haben *indak haqq
rechts yamîn
reden hitsha, yihtshî, ihtshi
Regen matar
Regierung hukûma (w) / -ât
registrieren sadjdjal, yisadjdjil, sadjdjil!
regnet, es tumtur
reich (Mensch) ghanî / -yîn
reinigen nazzaf, yinazzif, nazzif!
Reise safar / -ât; rihla (w) / -ât
reisen sâfar, yisâfir
Reisender musâfir / -în
Reisescheck tshêk mâl safar / -ât
Religion dîn / adyân
Reparatur taslîh / -ât
reparieren sallah, yisallih, sallih!
Republik djumhûriya (w) / -ât
reservieren hidjaz, yihdjaz, ihdjaz!
Restaurant mat*am / matâ*im
Rezept ratshêta (w) / -ât
richtig sahh
Richtung ittidjâh / -ât
Ring (Finger-) mahbas / mahâbis
Rückkehr *auda (w)
rückständig mutachallif
rufen di*a, yid*û
rufen (schreien) sâh, yisîh, sîh!
rund mudawwar

S

Sache shî / ashyâ'
sagen gâl, yigûl, gul!
Sand ramal
satt shab*ân / -în
Satz (gramm.) djumla (w) / djumal
sauber nazîf
Sauberkeit nazâfa (w)
säubern nazzaf, yinazzif, nazzif!
Saudi-Arabien is-sa*û diya
sauer hâmiz
Schaden chasâra (w) / chasâ'ir
Schande *êb
scharf (Gewürz) hârr
Schatten zill
schauen shâf, yishûf, shûf!
Scheck tshêk / tshkûk
Scheich shêch /shuyûch
schicken risal, yirsil, irsil!
Schiff markab / marâkib
Schiit shî*î / -yîn
Schiiten (relig. Richtung) ish-shî*a (w)
Schlaf nôm
schlafen nâm, yinâm, nâm!
Schlafzimmer ghurfat in-nôm / ghuraf
schlagen zirab, yizrub, uzrub!
schlecht dûnî; mû zên
schließen sadd, yisidd, sidd!
Schlüssel miftâh / mafâtîh
Schmerz alam, / âlâm
schmutzig wasich
Schnee thalidj
schneit, es tithlidj
schneiden gass, yiguss, guss!
schnell sarî*
schnell! yalla!; bis-sur*a!
schön djamîl
Schrank dûlâb / dawâlîb
schreiben katab, yiktub, uktub!
Schuh qundara (w) / qanâdir
Schule madrassa (w) / madâris
Schuhmacher qundartshî / -yîn
schweigen sikat, yiskit, iskit!
Schwein chanzîr / chanâzîr
Schweiz swisra

Schweizer swisrî / yîn
schwer (Gewicht) thagîl
Schwester uchut / chawât
schwierig sa*b
Schwierigkeit su*ûba(w)/-ât
schwimmen sibah, yisbah
schwitzen *irag, yi*rag
schwitze, ich âni *argân
See (der) buhêra (w) / -ât
sehen shâf, yishûf, shûf!
Seide harîr
Seife sâbûn
seit min
seit langem min zamân
Seite djânib / djawânib
Sekunde thâniya (w) / thawânî
setzen, sich gi*ad, yig*ad, ig*ad!
sicher (überzeugt) akîd; mit'akkid
sicher, ich bin âni mit'akkid
sie (Ez) humma
sie (Mz) hiyya
Silber fizza (w)
Sitte *âda (w) / -ât
Sitzplatz maq*ad / maqâ*id
sofort hâlan
Sohn ibin / abnâ'
Soldat djundî / djinûd
sollen lâsim
Sommer sêf
Sonne shams
spät mit*achchir
Speise ta*âm, akil
spielen li*ab, yil*ab, il*ab!
Sport riyâza (w)
Sprache lugha (w) / -ât
sprechen hitsha, yihtshî, ihtshi!; tkallam, yitkallam
Spritze ubra (w) / ubar
Staatsangehörigkeit djinsiya (w)
Stadt madîna (w) / mudun
Stamm (Volks-) *ashîra (w)/ *ashâ'ir
stark qawî
stehen wugaf, yûgaf
stehlen (von jmd.) bâg min, yibûg
Stein hadjara (w) / hidjâr
sterben mât, yimût
Stern nadjma (w) / nudjûm
Stimme sôt / aswât
Stoff qumâsh
Strafe *aqûba (w) / -ât
Straße shâri* / shawâri*
Stück wusla (w)
Student tâlib / tulâb
studieren diras, yidrus, udrus!
Stuhl kursî / karâsî
Stunde sâ*a (w) / -ât
Süden djinûb
südlich djinûbî
Sunnit sunnî / yîn
Sunniten (relig. Richtung) is-sunna (w)
süß hilû

T

Tabak titin
Tablette habba (w) / hubûb
Tag yôm / ayâm
Tag (Ggs.: Nacht) nahâr
täglich yômiyan; kull yôm
tagsüber bin-nahâr
Tal wâdî / widyân
Tankstelle banzînchâne (w)
Tante (Schwester d. Vaters) *amma / -ât
Tante (Schwester d. Mutter) châla / -ât
Tanz rigis
tanzen rigas, yirgus, urgus!
Tasche djanta (w) / djunat
Tasche (Kldg.) djêb / djy ûb
Taschentuch tshaffiya (w) / tshifâfî
Tasse findjân / fanâdjîn
taub atrash
Taxi taksi
Tee tshâi
Telefon talafôn
telefonieren kallam bit-talafôn, yikallim
Telegramm barqiya / -ât
Teller mâ*ûn / mawâ*în
Teppich sidjdjâda / -ât
teuer ghâlî
Theater masrah / masârih
Teufel shêtân
tief *amîq
Tier hayawân / -ât
Tigris didjla (w)
Tisch mêz / myûz
Tochter bint / banât
Toilette hammâm/-ât; tualit
Tod maut
tot mayyit
töten qital, yiqtul, uqtul!
Tourist sâyih / suwwâh
tragen; transportieren himal, yihmil, ihmil!
traurig hazîn
Treppe daradj
trinken shirab, yishrab, ishrab!
Trinkgeld baqshîsh; ikrâmiya (w)

trocken yâbis

trotzdem raghum hâtha

tschüß! ma*a s-salâma!

Tür bâb / abwâb

Turm burdj, abrâdj

U

über (örtl.) fôg

über (zeitl.) ba*d

überall bi-kull makân

übermorgen *uqub bâtshir

übersetzen tardjam, yitardjim, tardjim!

Übersetzer mutardjim / -în

Uhr sâ*a (w) / -ât

umsehen, sich tfarradj, yitfarradj, tfarradj!

umtauschen baddal, yibaddil, baddil!

Umwelt bî'a (w)

unbekannt mû ma*rûf

und wu-, a.: w-

Unfall hâdith il-murûr / hawâdith

ungefähr hawâlî; taqriban

Universität djâmi*a (w) / -ât

unmöglich mû mumkin; mustahîl (betont)

unten tahat

unter tahat

Unterschied farig / furûg

unterschreiben waqqa*, yiwaqqi*, waqqi*!

Unterschrift tauqî*

untersuchen fihas, yifhas, ifhas!

Untersuchung (Arzt) fahus

Urlaub idjâza (w)

V

Vater ab / abâ'; wâlid

Ventilator mirwaha (w) / -ât

verabschieden, sich wâda*, yiwâdi*

verantwortlich mas'ûl / -în

verboten mamnû*

Verbrechen djarîma (w) / djarâ'im

vergessen nisa, yinsa

verheiratet mitzawwidj

verkaufen bâ*, yibî*

verlangen tilab, yitlub, utlub!

verlängern tawwal, yitawwil

verletzt madjr h

Verletzung djarha (w) djur h

verlieren (etw.) zayya*, yizayyi*

verrückt mchabbal;madjnûn

Versicherung ta'mîn

verspäten, sich t'achchar, yit'achchar

verstehen fiham, yifham; ftiham, yiftihim

versuchen hâwal, yihâwil, hâwil!

verwenden sta*mal, yista*mil

Verzeihung! il-*afwu!; *afwan!

viel kathîr, hawâya

vielleicht yimkin

Viertel (Stadt-) hay / ahyâ'

Visum ta'shira; fîza

Vogel tair / tyûr

Volk sha*b / shu*ûb

voll malyân

von min

vor (örtl.) giddâm

vor (zeitl.) gabul

vorbereiten hazzar, yihazzir, hazzir!

vorgestern awwal ilbârih

Vormittag gabul iz-zuhur

Vorname isim awwal

Vorschlag muqtarah / -ât

W

Waage mîzân

wahr sahîh, a.: sahh

Wahrheit haqîqa (w)

Wald ghâba (w) / -ât

wann? yamta?; shgad waqit?

war (Verb) tshân

Ware bizâ*a (w) / bazâyi*

warm dâfî

warten ntizar, yintizir, intizir!

warum? liêsh?; ilwêsh?

was? shinû?, a.: sh (+ Verb)

waschen (etw./jmd.) ghisal, yighsil, ighsil!

Wasser mai

Wasserpfeife nardjîla

Watte qutun

wechseln ghayyar, yighayyir, ghayyir!

wechseln (Geld) sarraf, yisarrif, sarrif!

wecken ga**ad, yiga**id

Wecker munabih / -ât

Weg tarîq / turuq

wegen lishân

weil li'ann

weinen bika, yibkî

Wein sharâb

weit ba*îd

welche(r) illî, a.: ilathî

welche(r)? ay?; yâ?
Welt *âlam; dinya
wenig qalîl
wenn (falls) itha
wer? min ?
Westen gharb
westlich gharbî
Wetter djau
wichtig muhimm
wie (Vergleich) mithil
wie? kêf?
wieder marra (w)
wiederholen karrar, yikarrir, karrir!
wieviel? (Preis) biêsh
wie weit? shgad il-masâfa?
Wind hawa, a.: hawiya
Winter shita
winterlich shitwî
wir ihna
wissen *iraf, yi*ruf
wo? wên?
Woche isbû* / asâbî*
woher? minên?
wohin? li-wên?
wohnen sikan, yiskun
Wohnung shuqqa (w) / shuqaq
Wolle sûf
Wort kilma (w) / -ât
Wörterbuch qâmûs / qawâmîs
Wunde djarih / djrûh
wünschen tmanna, yitmanna
Wüste sahra (w) / sahârî

Z

Zahl *adad / a*dâd
zählen *add, yi*idd, *idd!
Zahnarzt tabîb asnân
Zahnbürste furtsha (w) asnân / -ât
Zahncreme ma*djûn asnân
Zeichen ishâra (w) /-ât
zeigen râwa, yirâwî, râwî!
Zeit waqit / auqât
Zeitraum mudda (w)
Zeitung djarîda (w) / djarâyid
Zelt chêma (w) / chiyam
zelten chayyam, yichayyim
Zentrum markaz / marâkiz
zerbrechen (etwas) kisar, yiksir
zerbrechen nkisar, yinkisar
zerbrochen maksûr; munkasir
Zeuge shâhid / shuhûd
Ziel hadaf / ahdâf
Zigarette djigâra (w) / djigâyir
Zimmer ghurfa (w) / ghuraf
Zoll gumruk
Zollbehörde gamârik
zu Fuß bi-ridjil
Zukunft mustaqbal
zurück li-wara
zurückgeben radjdja*, yiradjdji*, radjdji*!
zurückkommen ridja*, yirdja*, irdja*!
zusammen (einander) ma*a ba*z
zweifelsohne bidûn shakk
zwischen bên
zwischen ... und ... bên ... wu-bên ...

A

ab / abâ'; wâlid Vater
abadan niemals
ach / uchwân Bruder
âchar (m) / uchrâ (w) andere(r)
achath dush, yâhuth duschen, sich
achath, yâchuth, chuth! nehmen
achîr, achîra letzte(r)
*âda (w) / -ât Gewohnheit
*âda (w) / -ât Sitte
*adad / a*dâd Zahl
*adad min / a*dâd Anzahl (von)
*âdatan gewöhnlich
*âdatan normalerweise
*add, yi*idd, *idd! zählen
*âdî normal
*adjîb merkwürdig
adjir Lohn
adjnabî / adjânib Ausländer
*afwan bitte (Antwort auf „danke!“)
ah! aua!
ahil Familie
ahsan besser
akû gibt, es
akal, yâkul essen
akîd; mit'akkid sicher (überzeugt)
akil / aklât; ta*âm Essen (Speise)
akthar min mehr (als)
*ala, a.: *al- auf
*ala kêfak! (m) langsam, langsam!
alam, / âlâm Schmerz
*âlam; dinya Welt
*âlî hoch
allâh Allah, Gott
allâh! Donnerwetter!
almânî deutsch
almânî / almân Deutscher
almâniya (w) Deutschland
*âmil / *ummâl Arbeiter
*amîq tief
*amm Onkel (Bruder des Vaters)
*amma / -ât Tante (Schwester d. Vaters)
âni ich
âni *argân ich schwitze
âni mit'akkid ich bin mir sicher
âni mit'assif es tut mir leid
ânisa / -ât Fräulein
*aqûba (w) / -ât Strafe
*arabî arabisch
*arabî / (il-)*arab Araber
*arîz breit
*arûs Braut
arz Erde
asad / usûd Löwe
*âsh, yi*îsh leben
*ashîra (w) / *ashâ'ir (Volks-)Stamm
*âsima (w) / *awâsim Hauptstadt
*askarî militärisch
atmannâ hoffentlich
atrash taub
*atshân durstig
au oder
*auda (w) Rückkehr
awwal ilbârih vorgestern
ay?; yâ? welche(r)?
*azab / *izbân ledig

B

bên zwischen
bên ... wu-bên ... zwischen ... und ...
bûsa (w) / -ât Kuß
bêt / byût Haus
bâ*, yibî* verkaufen
ba*ad nach (zeitl.)
ba*ad iz-zuhur Nachmittag
ba*ad shwayya bald
ba*d über (zeitl.)
ba*dên danach
ba*îd weit
bâb / abwâb Tür
bâbil Babylon
bachîl / buchalâ' geizig
badal anstatt
baddal, yibaddil, baddil! umtauschen
bâg min, yibûg stehlen (von jmd.)
baghdâd (w) Bagdad
bahar / buhûr Meer
bâkêt (sghayyir) / -ât Päckchen (a.: Zigaretten)
bâkêt / -ât Paket
balad / bilâd Ort(schaft)
bâlkôn / -ât Balkon
bank / bunûk Bank
banzîn Benzin
banzînchâne (w) Tankstelle
baqara / baqar Kuh
baqshîsh; ikrâmiya (w) Trinkgeld
bard Kälte
bârid kalt
bârid kühl
barîd Post
barmîl / barâmîl Faß

arnâmidj / barâmidj Programm
barqiya / -ât Telegramm
barra außerhalb, draußen
bâs / -ât Bus
bass nur
battâniya (w) / **-ât** (Woll-)Decke
bawwâg Dieb
bazzûna / bizâzîn Katze
biêsh wieviel? (Preis)
bi-; fî in
bî'a (w) Umwelt
bidûn ohne
bidûn fâyda; mâkû fâyida nutzlos
bidûn mâ ohne daß (vor Verben)
bidûn shakk zweifelsohne
bi-djânib neben (örtl.)
bika, yibkî weinen
bi-kull ahwâl jedenfalls
bi-kull makân überall
bilâd / buldân Land
bilâd mâ bên in-nahrên Mesopotamien
bilastîk Plastik
bil-barîd il-djauwî per Luftpost
bil-lêl nachts
bil-masâ'; masâ'an abends
bin-nahâr tagsüber
bint *amm / bint châl Cousine
bint / banât Mädchen, Tochter
bint ach; bint uchut Nichte
bîr / âbâr Brunnen
bîra (w) Bier
bi-ridjil zu Fuß
bis-subuh morgens
bitâqa (w) / **-ât** Fahrkarte
bizâ*a (w) / **bazâyi*** Ware
biz-zabit genau
biz-zuhur mittags
bostkârt / -ât Ansichtskarte
brâfô! bravo!
btida, yibtidî, ibtidi! beginnen
buhêra (w) / **-ât** See (der)
burdj, abrâdj Turm
butul / btâla Flasche

C

chêl (Gatt.) Pferde
chêma (w) / **chiyam** Zelt
chabar / achbâr Nachricht
chabbar, yichabbir, chabbir! benachrichtigen
châf min, yichâf Angst haben, sich fürchten vor
chafîf dünn, leicht
châl Onkel (Bruder der Mutter)
châla / -ât Tante (Schwester der Mutter)
challa, yichallî, challi! (etwas) lassen
challa, yichallî, challi! legen
challas, yichallis aufhören
challas, yichallis, challis! beenden
challi, challi! Lassen Sie es liegen/stehen!
chamr / chumûr Alkohol
chanzîr / chanâzîr Schwein
charîf Herbst
charîta (w) / **charâyit** Landkarte
chasâra (w) / **chasâ'ir** Schaden
châshûga (w) / **-ât** Löffel
chashab, a: chishab Holz
chatar Gefahr
chatîr gefährlich
chatt / chutût Linie
châulî / chawâlî Handtuch
chayyam, yichayyim zelten
chôf Angst, Furcht
chorda (w) Kleingeld
chosh gut (Mensch)
chtâr, yichtâr etwas auswählen
chusûsî privat
chutta (w) / **chutat** Plan

D

dûlâb / dawâlîb Schrank
dulâr / -ât Dollar
dûnî; mû zên schlecht
dush Dusche
da*wa (w) Einladung
dabbar, yidabbir, dabbir! organisieren
dachchan, yidachchin, dachchin! rauchen
dâchil; djuwwa innerhalb
dâfî warm
daftar / difâtir Heft
dagg *ala, yidigg, digg! (an)klopfen
dagg idj-djaras, yidigg, digg! klingeln
daqîqa (w) / **daqâyiq** Minute
daradj Treppe
darras, yidarris, darris!; lehren

dâyman; kull waqit immer
di*a, yid* rufen
dichal, yidchul, udchul! eintreten
didjla (w) Tigris
difa*, yidfa*, idfa*! bezahlen
dîn / adyân Religion
diras, yidrus, udrus! studieren
dirzan Dutzend
djû* Hunger
djêb / djyb Tasche (Kledg.)
djêsh / djyûsh Armee
djâb, yidjîb, djîb! bringen
djâb, yidjîb, djîb! holen
djabal / djibâl Berg
djadîd modern, neu
djâhiz fertig
djâm Glas
djamal / djimâl Kamel
djâmi*a (w) **/ -ât** Universität
djamîl schön
djânib / djawânib Seite
djunta (w) **/ djunat** Koffer / Tasche
djaras Klingel
djarha (w) **djurûh** Verletzung
djarîda (w) **/ djarâyid** Zeitung
djarih / djrûh Wunde
djarîma (w) **/ djarâ'im** Verbrechen
djarrab, yidjarrib ausprobieren
djau Wetter
djâwab, yidjâwib, djâwib! antworten
djawâz / -ât Paß
djazra (w) **/ -ât** Insel
djibâl Gebirge
djidd / adjdâd Großvater
djidda / -ât Großmutter
djigâra (w) **/ djigâyir** Zigarette
djildî ledern
djilid Leder
djinûb Süden
djinûbî südlich
djinsiya (w) Nationalität Staatsangehörigkeit
djîr / djîrân Nachbar
djisir / djusûr Brücke
djô*ân / -în hungrig
djumhûriya (w) **/ -ât** Republik
djumla (w) **/ djumal** Satz (gramm.)
djunat (Mz) Gepäck
djundî / djinûd Soldat
djuwâb Antwort
djuwwa innen
duchân Rauch
dukkân / dikâkîn Geschäft, Laden
duwa (w) Medikament

E / F

***êb** Schande
***ên / *uyûn** Quelle
fadd ahad irgendwer
fadd makân irgendwo
fadd shî irgend etwas
fahus Untersuchung (Arzt)
fakkar fî, yifakkir, fakkir! nachdenken (über)
fallâh / -în Bauer
fann / fnûn Kunst
fannân / -în Künstler
faqîr / fuqarâ' arm
fâr / firân Maus
farhân froh
farig / furûg Unterschied
fasil / fusûl Jahreszeit
fattash, yifattish, fattish!; kontrollieren
fawwar, yifawwir kochen (Wasser)
fâyda (w) Nutzen
fazî frei, leer
fiham, yifham; ftiham, yiftihim verstehen
fihas, yifhas, ifhas! untersuchen
fikra (w) Idee
fikra (w) **/ afkâr** Gedanke
findjân / fanâdjîn Tasse
fitah, yiftah, iftah! öffnen
flûs (Mz) Geld
fôg oben, über
frâsh / frûsh Bett
ftikar, yiftikir denken
furtsha (w) **asnân / -ât** Zahnbürste
fizza (w) Silber

G

gaad, yiga**id** wecken
gabul bevor
gabul vor (zeitl.)
gabul iz-zuhur Vormittag
gahh, yiguhh husten
gahha (w) Husten
gahwa (w) Kaffee
gâl, yigûl, gul! sagen
gâm, yigûm, gûm! aufstehen
gamârik Zollbehörde

gass, yiguss, guss! schneiden
gbâl gegenüber (örtl.)
ghêr außer
ghâba (w) / **-ât** Wald
ghabî dumm
ghada Mittagessen
ghalat falsch (eine Sache)
ghâlî teuer
ghanî / -yîn reich (Mensch)
gharb Westen
gharbî westlich
ghayyar, yighayyir, ghayyir! wechseln
ghisal, yighsil, ighsil! waschen
ghurfa (w) / **ghuraf** Raum, Zimmer
ghurfat in-nôm / ghuraf Schlafzimmer
gi*ad, yig*ad, ig*ad! setzen, sich
gidar, yigdar können (vermögen)
giddâm vor (örtl.)
glâda (w) Kette (Hals-)
glâs / -ât Glas (Trink-)
glôb / -ât; lamba / -ât Glühbirne
gubal geradeaus
gumruk Zoll

H

hâ! ach so!
habb, yihibb lieben
habba (w) / **hubûb** Tablette
hadaf / ahdâf Ziel
hadîd Eisen
hadîqa (w) / **hadâyiq** Garten
hâdith il-murûr / hawâdith Unfall
hadiya (w) / **hadâya** Geschenk
hadjara (w) / **hidjâr** Stein
hadjim; kubur Größe (Kleid.)
hafla (w) / **-ât** Feier; Fest
hâlan sofort
hallâq / -în Friseur
hâmiz sauer
hamm auch
hammâm / -ât Bad
hammâm / -ât; tualit Toilette
hammaz filim, yihammiz entwickeln (Film)
hannâ, yihannî gratulieren
haqal / huqûl Feld
haqîqa (w) Wahrheit
haqq / huqûq Recht
harâra Fieber
harb / hurûb Krieg
harf / hurûf Buchstabe
harir Seide
hârr heiß, scharf
hassa jetzt
hâtha / hâthi / hâthôla dies(er/e/e)
hathâk / hathîtsh / hathôlak jener(e,e)
hawa Luft
hawa, a.: **hawiya** Wind
hâwal, yihâwil, hâwil! versuchen
hawâlî; taqriban ungefähr
hawiya (w) / **-ât** Ausweis
hay / ahyâ' (Stadt-)Viertel
hayât (w) Leben
hayawân / -ât Tier
hazîn traurig
hazz Glück
hazzar, yihazzir, hazzir! vorbereiten
hidjaz, yihdjaz, ihdjaz! reservieren
hilû süß
himal, yihmil, ihmil! tragen; transportieren
himar / hamîr Esel
hina, a.: **hinâya** hier
hinâk dort
hisâb / -ât Rechnung
hitâdj, yihtâdj brauchen
hitsha, yihtshî, ihtshi reden, sprechen
hiyya sie (Mz)
hizâm / ahzima Gürtel
hizib / ahzâb Partei
hudûd (Mz) Grenze
hukûma (w) / **-ât** Regierung
humma sie (Ez)
hurr frei (Person)
hurriya Freiheit
huwwa er

I

ibin *amm / ibin châl Cousin
ibin / abnâ' Sohn
ibin ach / ibin uchut Neffe
ichrâdj Ausfuhr
***îd / a*yâd** Feiertag
idja, yidjî kommen
idjâza (w) Urlaub
idjâza (w) / **-ât** Genehmigung
idjâzat (w) **siyâqa** Führerschein

*îd mîlâd Geburtstag (Fest)
ihna wir
il-*afwu! Entschuldigung!
il-*afwu!; *afwan! Verzeihung!
il-*irâq Irak
ila nach (örtl.)
ilbârha, a.: imbârha gestern
il-basra (w) Basra
il-chalîdj il-*arabî Arabischer Golf
il-furât Euphrat
il-indjîl Bibel
il-kuwêt Kuwait
illî, a.: ilathî welche(r)
il-masîhiya (w) Christentum
il-môsil Mossul
il-qur'ân (il-karîm) Koran
iltihâb Entzündung
il-urdun Jordanien
il-yahûdiya Judentum
ilyôm, a.: halyôm heute
*ind (+ bes.) haben
*inda, a.: *ind- bei
*indak haqq Sie haben recht
influanza Grippe
inglîzî englisch
inglîzî / inglîz Engländer
in-Nimsa (w) Österreich
innuh daß
insân / nâs Mensch
inta (m) / inti (w) du
*inwân / *anâwîn Adresse
iqâma (w) Aufenthalt
*iraf, ya*ruf kennen, wissen
*irag, yi*rag schwitzen
irân Iran
*irâqî irakisch
*irâqî / -yîn Iraker
*irrîs Bräutigam
*irs Hochzeit
irtâh, yirtâh ausruhen, sich
isbû* / asâbî* Woche
*ishâ Abendessen
ishâl Durchfall
ishâra (w) /-ât Zeichen
ish-shî*a (w) Schiiten
isim / asâmî' Name
isim awwal Vorname
islâm Islam
islâmî islamisch
is-sa*ûdiya Saudi-Arabien
is-sunna (w) Sunniten
*izam li, ya*zim einladen
ithâ falls
itha wenn (falls)
ittidjâh / -ât Richtung

K

kabîr groß
kabîr / kbâr alt (Mensch)
kaffî genug
kahrabâ'î elektrisch
kallaf, yikallif kosten (Preis)
kallam bit-talafôn, yikallim telefonieren
kâmira / -ât Kamera
kanîsa (w) / kanâyis Kirche
karrar, yikarrir, karrir! wiederholen
kârt / -ât Postkarte
kaslân faul
katab, yiktub, uktub! schreiben
kathîr, hawâya viel
kaththâb / -în Lügner
kawî, yikwî bügeln
kêf? wie?
kilma (w) / -ât Wort
kîs / akyâs Plastiktüte
kisar, yiksir (sich) erbrechen
kitâb / kutub Buch
kitâb rasmî Bescheinigung
kithab, yikthib lügen
kithb Lüge
kull alle
kull jede(r)
kull shî alles
kull waqit jederzeit
kursî / karâsî Stuhl
kuwêtî kuwaitisch

L

lêla (w) / lyûl Nacht
lâ shî nichts
lâ, a.: lâ' (betont) nein
lâkin aber
lamba (w) / -ât Lampe
lamma als (zeitl.)
lâsim sollen
lâzim müssen
lhad bis (zeitl.)
liêsh?; ilwêsh? warum?
li*ab, yil*ab, il*ab! spielen
li-; lishân; bi- für
li'ann weil
libas, yilbas anziehen, sich
liga, yilga finden (etw./jmd.)
lihdja (w) / -ât Dialekt
likay; lishân damit
lishân wegen
li-wên? wohin?
li-wara zurück
lôn / alwân Farbe
lugha (w) / -ât Sprache

M

mû ma*rûf unbekannt
mû mumkin; mustahîl unmöglich!
mû mushkila! kein Problem!
mêwa (w), a.: **mîwa** (w) Obst
mêz / myûz Tisch
mâ yichâlif! macht nichts!
mâ* n / mawâ*în Teller
ma*a ba*z zusammen
ma*a s-salâma! tschüß!
ma*djûn asnân Zahncreme
ma*na Bedeutung
mabrûk!; tahânî! Glückwunsch!
machbaz / machâbiz Bäckerei
machradj, churûdj Ausgang
madchal; duchûl Eingang
m'addab / -în höflich
madîna (w) / **mudun** Stadt
madjdjanan; balâsh kostenlos
madjrûh verletzt
madrassa (w) /**madâris** Schule
maftûh offen, geöffnet
maftûh offen
mâhad keine(r), niemand
mahatta (w) / **-ât** Haltestelle
mahattat il-bâs / -ât Bushaltestelle
mahbas / mahâbis Ring
mahdjûz besetzt
mai Wasser
makân / -ât Ort (Platz)
makîna (w) / **makâyin** Maschine
maksûr gebrochen
maksûr; chirbân kaputt zerbrochen
maktab / makâtib Büro
maktab il-barîd / makâtib Postamt
malâbis (Mz) Kleidung
malli, yimalli, malli! füllen
malyân voll
mamnû* verboten
maq*ad / maqâ*id Sitzplatz
maqbara (w) / **maqâbir** Friedhof
mara / nisâ' Frau
maraz / amrâz Krankheit
marîz krank
mârk almânî D-Mark
markab / marâkib Schiff
markaz / marâkiz Zentrum
markaz ish-shurta / marâkiz Polizei (Behörde)
marra (w) wieder
marra uchrâ nochmals
marrât manchmal
marrât (w) **kathîra** oft(mals)
mas'ûl / -în verantwortlich
masâ' Abend
masdûd geschlossen
masdjid / masâdjid; Moschee
mashghûl besetzt (Telefon)
mashhûr berühmt, bekannt
masrah / masârih Theater
mat*am / matâ*im Restaurant
mât, yimût sterben
matar Regen
matâr / -ât Flughafen
matbach / matâbic Küche
mathaf / matâhif Museum
matôrsikl / -ât Motorrad
mauqi* Lage (geogr.)
maut Tod
mawâdd ghithâ'iya Lebensmittel
mayyit tot
mchabbal; madjnûn verrückt
miftâh / mafâtîh Schlüssel
mimbar Gebetskanzel
min als (Vergleich)
min aus
min seit
min von
minû? wer?
min fazlak! (m) bitte!
minên? woher?
min waqit früh
min zamân seit langem
minâra (w) / **-ât** Minarett
minfaza (w) / **manâfiz** Aschenbecher
mirwaha (w) / **-ât** Ventilator
mishit / mshât Kamm
mit*achchir spät
mithil ähnlich
mithil wie (Vergleich)
mitzawwidj verheiratet
mîzân Waage
mqaddas heilig
mu*allim / -în; mudarris / -în Lehrer
mu'aththin Muezzin
mudawwar rund
mudda (w) Zeitraum
mudîr / mudarâ' Chef, Direktor
mufîd nützlich
mughâdara (w) Ausreise
muhandis / -în Ingenieur

muhimm interessant, wichtig
mulawwan bunt
muluk / amlâk Eigentum
mumill langweilig
mu'min / -în gläubig (relig.)
mumkin möglich
mumtâz ausgezeichnet
munabih / -ât Wecker
muntazih / -ât; bârk / -ât Park
muqtarah / -ât Vorschlag
murr bitter
mursil Absender
musâ*ada (w) / **-ât** Hilfe
musâfir / -în Reisender
mushkila (w) / **mashâkil** Problem
musîqa Musik
musta*djil / -în eilig
mustaqbal Zukunft
mustashfa (w) / **yât** Krankenhaus
mutachallif rückständig
mutardjim / -în Dolmetscher, Übersetzer
muwâfiq einverstanden
muwazzaf / -în Angestellter,Beamter

N

nâ*am; balî; 'îh ja
nabî / anbiyâ' Prophet
nachla (w) / **nachal** Palme
nadî naß
nadjma (w)/**nudjnûm** Stern
nafut Erdöl
nahâr Tag (Ggs.: Nacht)
nahar / anhur Fluß
nahw Grammatik
nâm, yinâm, nâm! schlafen
nâr Feuer
nardjîla Wasserpfeife
nâs (Mz) Leute
nashla (w) Erkältung
nashshâl Dieb (Taschen-)
nau*iya (w) Qualität
nazâfa (w) Sauberkeit
nazîf sauber
nazzaf, yinazzif, nazzif! reinigen, säubern
nidjâh Erfolg
nimsâwî/-yîn Österreicher
nisa, yinsa vergessen
niza* , yinza* ausziehen, s.
nizal min, yinzil aussteigen (aus)
nkisar, yinkisar zerbrechen
nôm Schlaf
nta, yintî, ntî! geben
ntizar, yintizir, intizir! warten
nuhâs Kupfer
nûr Licht
nusrânî / nasârâ Christ
nusuf il-lêl Mitternacht
nusuf, a.: **nuss** Hälfte
nusuf, a: nuss halb

Q

qabîh / qbâh häßlich (Mensch)
qadîm; *atîg alt (Sache)
qalam / aqlâm Bleistift Kugelschreiber
qalîl wenig
qâm s / qawâmîs Wörterbuch
qamar Mond
qân n / qawânîn Gesetz
qarîb nahe
qariya (w) / **qurâ** Dorf
qasîr kurz
qawî stark
qibla (w) Gebetsrichtung
qira, yiqra, iqra! lesen
qital, yiqtul, uqtul! töten
qumâsh Stoff
qundara (w) / **qanâdir** Schuh
qundartshî / -yîn Schuhmacher
qunsuliya (w) / **-ât** Konsulat
qurb Nähe
qutun Baumwolle, Watte
qutur Land (Irak)

R

rabî* Frühling
rachîs billig
radiyô Radio
radjdja*, yiradjdji*, radjdji*! zurückgeben
rafî* dünn
raghum hâtha trotzdem
râh, yirûh, rûh! fahren, gehen
râha (w) / **-ât; istirâha** (w) / **-ât** Pause
râ'î Meinung
ramal Sand
raqam / arqâm Nummer
rashwa (w) / **-ât** Bestechung
rasmî offiziell
râtib / rawâtib Gehalt
ratshêta (w) / **-ât** Rezept
râwa, yirâwî, râwî! zeigen

rayyûg; futûr Frühstück
ridja*, yirdja*, irdja*! zurückkommen
ridjdjâl / riyâdjîl Mann
rîf Land (Dorf)
rigas, yirgus, urgus! tanzen
rigis Tanz
rihla (w) **/ -ât** Ausflug
rikab, yirkab, irkab! einsteigen
risal, yirsil, irsil! schicken
risâla (w) **/ rasâyil** Brief
risâla (w) **musadjdjala / rasâ'il** Einschreibebrief
risam, yirsim, irsam! malen
riyâza (w) Sport
ruznâme Kalender

S

sâ*a (w) **/ -ât** Stunde, Uhr
sâ*ad, yisâ*id, sâ*id! helfen
sa*b kompliziert
sa*b schwierig
sa*îd glücklich
sâbûn Seife
sabab / asbâb Anlaß
sabab / asbâb Grund
sabar, yisbur, usbur! Geduld haben
sabrî geduldig
sabur Geduld
sadd, yisidd, sidd! schließen
sadîq / sudqân; sâhib / ashâb Freund
sadjdjal, yisadjdjil, sadjdjil! registrieren
safar / -ât; rihla (w) **/ -ât** Reise
sâfar, yisâfir reisen
safîr / sufarâ' Botschafter
sâg, yisûg, sûg! fahren, steuern
saghîr klein
saghîr / sghâr, a.: **sghêr / sghâr** jung
sâh, yisîh, sîh! rufen, schreien
sâha (w) **/ -ât** Platz (geogr.)
sahh richtig
sahha (w) Gesundheit
sâhib / ashâb Besitzer
sahîh, a.: **sahh** wahr
sahil; basît einfach (Sache)
sahl; basit leicht (Sache)
sahra (w) **/ sahârî** Wüste
saidaliya (w) **/ -ât** Apotheke
sâkin / sukkân ; ahil (Mz) Einwohner
sakrân / -în betrunken
salâm Frieden
salâm / -ât Gruß
salât (w) Gebet
sâlih li gültig (bis)
salla, yisallî, salli! beten
sallah, yisallih, sallih! reparieren
sallam *ala, yisallim grüßen (jmd.)
sâm, yisûm, sûm! fasten
samâ' (w) Himmel
sana (w) **/ sinîn** Jahr
sanawî jährlich
sandûg / sanâdîg Kasten
sand g il-barîd / sanâdîg Briefkasten
sarî* schnell
sarrâf / -în Geldwechsler
sarraf, yisarrif, sarrif! wechseln (Geld)
satah / sutûh Dach
sawwa, yisawwî machen
sawwar, yisawwir, sawwir! fotografieren
sâyih / suwwâh Tourist
sâyiq / /-în Fahrer
sayyâra (w) **/ -ât** Auto
sayyid / sâda Herr
sayyida / -ât Frau (Anrede)
sêf Sommer
shêch /shuyûch Scheich
sha*ar Haar
sha*b / shu*ûb Volk
shab*ân / -în satt
shabâb Jugend
shâbb / shubbân Jugendlicher
shachus / ashchâs Person
shadjara (w) **/ shadjar** Baum
shâf, yishûf, shûf! schauen, sehen
shahar / ashhur Monat
shâhid / shuhûd Zeuge
shahîd / shuhadâ' Märtyrer
shakwâ (w) **/ shakâwâ** Anzeige, Beschwerde
sham*a (w) **/ shumû*** Kerze
shams Sonne
sharâb Wein
shâri* / shawâri* Straße
sharika (w) **/ -ât** Firma
sharq Osten
sharqî östlich
shêtân Teufel
shgad il-masâfa? wie weit?
shî etwas
shî / ashyâ' Ding, Sache
shî*î / -yîn Schiit
shibh djazîra (w) Halbinsel

shikar, yishkur danken
shimâl Norden
shimâlî nördlich
shinû?, a.: **sh** (+ Verb) was?
shirab, yishrab, ishrab! trinken
shira̱h, yishra̱h erklären
shita Winter
shitwî winterlich
shtakâ min, yishtakî beschweren, sich (über)
shtighal, yishtughul arbeiten
shtira, yishtirî kaufen
shubbâtsh / shibâbîtsh Fenster
shughul Arbeit
shukran! danke!
shuqqa (w) **/ shuqaq** Wohnung
shuṟta (w) Polizei
shuṟtî / -yîn Polizist
shwayya bißchen
si*r / as*âr; qîma (w) **/ qiyam** Preis
si'al, yis'al, is'al! fragen
sibah, yisba̱h schwimmen
sidjdjâda / -ât Teppich
sidjin / sidjûn Gefängnis
sifâra (w) **/ -ât** Botschaft
sikan, yiskun wohnen
sikat, yiskit, iskit! schweigen
silsila (w) Kette
sima*, yisma*, isma*! hören
sima̱h li, yisma̱h, ismah! erlauben (jmd. etw.)
sinâ*a (w) **/ -ât** Industrie
sînama (w) Kino

sitshtshîn / satshâtshîn Messer
siyâm Fasten
siyâsa (w) Politik
siyâsî politisch
sôt / aswât Stimme
sta*djar, yista*djir mieten
sta*mal, yista*mil benutzen, verwenden
stilam, yistilim erhalten
su*ûba (w) **/ -ât** Schwierigkeit
su'âl / as'ila Frage
sudug gewiß
sûf Wolle
sûg / aswâg Basar, Markt
sûra (w) **/ suwar** Bild, Foto
sunnî / yîn Sunnit
swisra Schweiz
swisrî / yîn Schweizer

T

t*arraf *ala, yit*arraf kennenlernen (jmd.)
ta*âl! (m) komm her!
ta*âm, akil Speise
ta*bân / -în müde
tab*an! natürlich!
ṯabî*a (w) Natur
ṯabî*î natürlich
ṯabîb asnân Zahnarzt
ṯabîb; diktôr Arzt
ṯâbiq / ṯawâbiq Etage
t'achchar, yit'achchar verspäten, sich
tâdjir / tudjdjâr Händler
tafa̱zzal! (m) bitte! (Gewährung)
taftîsh Kontrolle

ṯa̱han, yi̱than mahlen
ta̱hat unten, unter
tahmîẕ wu-ṯab* Entwicklung (Film)
ṯair / ṯyûr Vogel
taksi Taxi
ṯalab / -ât Bitte
talafôn Telefon
ṯâlib / ṯullâb Student
ta'mîn Versicherung
t'ammal, yit'ammal hoffen
tamra (w) **/ tamur** Dattel
taqâ̱tu* / -at Kreuzung
tardjam, yitardjim dolmetschen, übersetzen
târîch Datum
ṯarîq / ṯuruq Weg
ta'shira; fiza Visum
tasli̱h / -ât Reparatur
tauqî* Unterschrift
ṯawîl lang
ṯawwal, yi̱tawwil verlängern
ṯayyâra (w) **/ -ât** Flugzeug
ṯâze frisch (Obst, Gemüse)
tbâwas, yitbâwis küssen
tfarradj, yitfarradj, tfarradj! umsehen, sich
tghadda, yitghadda Mittag essen (zu)
thachîn / thichân dick
thagîl schwer (Gewicht)
thahab Gold
thâk il-waqit damals
thakî intelligent
thakkar, yithakkir, thakkir! erinnern (jmd.)
thalidj Eis (Ggs.Wasser)
thalidj Schnee
thallâdja (w) **/ -ât** Kühlschrank

thâniya (w) / thawânî Sekunde
thâq, yithûq, thûq! probieren
thikra (w) Erinnerung
tibach, yitbuch; kochen (Speise)
tifil / atfâl Kind
tilab, yitlub bitten
tilab, yitlub, utlub! verlangen
tîn Lehm
tithlidj schneit, es
titin Tabak
tmanna, yitmanna wünschen
trayyag, yitrayyig, trayyig! frühstücken
tshaffiya (w) / tshifâfî Taschentuch
tshâi Tee
tshâkûtsh / tshawâkîtsh Hammer
tshalib / tshilâb Hund
tshân war (Verb)
tshatal / -ât Gabel
tshêk / tshkûk Scheck
tshêk mâl safar / -ât Reisescheck
tthakkar, yitthakkar erinnern, sich
tumtur regnet, es
tzawwadj, yitsawwidj heiraten

U

ubra (w) / ubar Spritze
uchut / chawât Schwester
udjra (w) Miete
udjra (w) Fahrpreis
udjra (w) Porto
uff!; ' ! pfui!
ughniya (w) / aghânî Lied
*umla (w) ma*daniya / -ât Münzgeld
*umla (w) sa*ba / -ât Devisen
umm / umahât; wâlida / -ât Mutter
*umur Alter (Lebens-)
*uqub bâtshir übermorgen
urdunî jordanisch
urubba Europa
urubbî europäisch
utêl / -ât Hotel
*utla (w) Ferien

W

wên? wo?
wâda*, yiwâdi* verabschieden, sich
wâdî / widyân Tal
wâha (w) / -ât Oase
wâhid / wihda ein(er/e)
walad / wulid Junge
walad; djarsôn Kellner
walî / auliyâ' Heiliger
waqit / auqât Zeit
waqqa*, yiwaqqi*, waqqi*! unterschreiben
wara hinten, hinter
waraq / aurâq Blatt, Papier
wasat Mitte
wasich schmutzig
wasl / wusûlât Quittung
wassa, yiwassî, wassi! bestellen
wassal, yiwassil, wassil! hinbringen (jmd.)
watanî national
wazin Gewicht
wazîr / wuzarâ' Minister
widâ* Abschied
wîya; ma*a mit
wizâra (w) / -ât Ministerium
wu-, a.: w- und
wugaf, yûgaf, guf stehen anhalten
wusûl Ankunft
wusal ila, yûsal ankommen
wusla (w) Stück

Y

ya*nî das heißt
yâbis trocken
yah dî jüdisch
yahûdî / yahûd Jude
yalla! los, schnell!
yalla!; bis-sur*a! schnell!
yamîn rechts
yamta?; shgad waqit? wann?
yasâr links
yawâsh langsam
yimkin vielleicht
yôm / ayâm Tag
yômiyan; kull yôm täglich

Z

zâbut / zubbât Offizier
zahak, yizhak, izhak! lachen
zahra / zuhûr Blume
zamîl / zumalâ' Kollege

Literaturhinweise

z̲ann, yiz̲inn meinen
z̲arûrî notwendig
zâr, yizûr besuchen
z̲arf / z̲urûf Briefumschlag
z̲au' Licht (Ggs.: Schatten)
zawâdj Heirat
z̲âyiq eng
z̲êf / z̲uyûf Gast
zên gut
z̲ayya*, yiz̲ayyi* verlieren (etw.)
z̲ayyaq, yiz̲ayyiq belästigen (jmd.)
zibl Müll
z̲idd gegen
z̲ill Schatten
zirâ*a (w) Landwirtschaft
z̲irab, yiz̲rub, uz̲rub! schlagen
z̲iyâfa (w) Gastfreundschaft
ziyâra (w) / **-ât** Besuch
zôdj / azwâdj Ehemann
zôdj / azwâdj Paar
zôdja (w) / **-ât** Ehefrau
z̲uhur Mittag

Lehrbücher und Nachschlagwerke zum irakischen Dialekt:

Spoken Iraqi Arabic. Holt (USA) 1949 (Lehrbuch in englischer Sprache, nur in Bibliotheken erhältlich)
Grundzüge der Grammatik des arabischen Dialektes von Bagdad. Wiesbaden 1963 (wissenschaftliche Grammatik, nur in Bibliotheken erhältlich)
Handbuch der Arabischen Dialekte. Wiesbaden 1980 (wissenschaftliches Nachschlagwerk, Seiten 140–173 zum irakischen Dialekt)

Wer sich mit der arabischen Hochsprache (al-fus̲h̲â) beschäftigen will, findet dazu auf dem Büchermarkt ein reichhaltiges Angebot an Lehr-und Wörterbüchern sowie Sprachführern. Natürlich gibt es auch einen Kauderwelsch-Band fürs Hocharabische, s. S. 151

Der Autor

Heiner Walther, Diplom-Orientalist, Jahrgang 1947, kommt aus dem Erzgebirge. Nach dem Abitur studierte er von 1966 bis 1971 in Halle/S. Orientalistik und war danach einige Jahre als Arabisch-Dolmetscher tätig. In dieser Zeit war er mehrfach im Irak. Seitdem gilt sein Interesse der Kultur, Geschichte und den Menschen dieses Landes. Ab 1978 arbeitete er an der Univer-sität Leipzig, wo er arabische Sprache unterrichtete. Nach den kriegerischen Ereignissen in der Region war er im Herbst 1994 erstmals wieder im Land. Inzwischen hat er viele Touren für deutsche Studienreiseveranstalter in und durch den Irak geführt. Dabei entstand die Idee zu diesem Sprechführer. Heiner Walther schrieb auch den Band „Jemenitisch-Arabisch - Wort für Wort" für die Kauderwelsch-Reihe.

Für die umfangreiche Unterstützung bei der Erstellung dieses Kauderwelsch-Bandes gebührt Herrn Dr. Hamid Al-Khaqani besonderer Dank.